JN107278

国際弁護士・日本の弁護士として

グローバル法務の発展・再構築を目指して

内田 晴康
Harumichi Uchida

商事法務

はしがき

本書籍を出版することのきっかけとなったのは、慶應義塾大学法科大学院（ロースクール）での「最終講義」である。

2004年に、司法改革の一環として従来の教育方式を根底から変える改革が法学教育分野で起きた。従来は、法曹を目指す学生を含め法律学は大学の法学部で学び、その後弁護士、裁判官、検事等の法曹界を目指す学生は司法試験を受験して資格を取得し、司法研修所で２年間の実務研修を受けるという過程が取られていた。法曹界を目指す学生も、官僚を目指す学生、法律の知識を活かし企業に就職する学生とともに、大学においては共通の授業により法律の学習をするという方式であった。したがって、法学部の授業は、法律専門家を育成するより、教養、就職後の有用な知識として法律、法学体系を学習する場という色彩が強く、法曹としての教育より、法学的思考、基礎法の理解を通じて、就職後に官庁、企業等で必要とされる法的問題の処理能力、法的処理能力を磨くことに主眼があった。

新たに発足したロースクール（法科大学院）は、米国のロースクールをモデルとしていた。米国のロースクールは、大学（カレッジ）で様々な分野（歴史、文学、科学、法律、経済等）で学んだ学生が、弁護士等の法律専門家になることを目指して入学する原則３年制の「大学院」相当の学校である。日本のロースクールは、米国のロースクールをモデルとして、実務と学問の「架け橋」として、法曹養成のための実務的な法学教育を目指したために、教員に実務家を相当数確保する必要が生じた。そのため、主要な法律事務所等から教員候補が推薦され、私も慶應義塾大学法科大学院教授という名誉ある職を拝命することになった。少なくとも3年間は職責を果たすという条件があったため、3年間教授職を務めた。その後は同じ法律事務所の増田晋弁護士が教授職を引き継ぎ、私は講師として一部のセッションを担当しつつ、授業の全体構成のアドバイス役等を務めて来た。

70歳になり講師を辞めるにあたり、増田弁護士から退職する際に学生に対して「最終講義」をと依頼された。当初は、講義項目を箇条書きとしたレジメを用い思いのままに弁護士活動を振り返り、学生に将来の弁護士像を考えるヒントになるような話をしようと考えていた。ところが、準備を進めていくうちに、しっかり準備をして学生に夢をかなえさせるヒントとなる講義をと考えるようになり、箇条書きのレジメを膨らませて行った。さらに、まとまった文章にした方が明快な指針を与える講義になると考えるに至り、書き進めるうちに過去の記憶がよみがえり記憶が記憶を呼び、講義用原稿が次第に書籍に近い形になった。本書は、その講義用原稿をもとに、『国際弁護士・日本の弁護士として——グローバル法務の発展・再構築を目指して』というタイトルで、一冊の本として書きあげたものである。

弁護士活動の過去を振り返るのみでは、焦点を絞らないと一般的な履歴書代わりの本になってしまう。そこで、弁護士活動を振り返り、最も注力して取り組み、夢を描きながら仕事をし、他に誇れる実績を挙げたと自負出来る活動を選んで「グローバル法務」の発展の歴史を振り返り、「国際弁護士」としての活躍を目指す弁護士に夢を与え、夢をさらに大きく膨らませ世界に大きく羽ばたいてもらいたいという思いを込めて、「グローバル法務の発展・再構築を目指して」というサブタイトルとした。

本書では、上記の視点から「国際弁護士・日本の弁護士として」の基礎を固めるための修業、「国際弁護士・日本の弁護士として」の様々な活動、主な実績を振り返り、第1に、将来弁護士（企業内法務を含めて）を志望するロースクールの学生、「国際弁護士」を目指す若手の弁護士に、弁護士の魅力、将来像、目的達成のために修得すべきこと、人生戦略のヒント等を与え、国際化、グローバル化する社会で「国際弁護士・日本の弁護士として」活躍する夢を描くための参考となる書とすることを目指している。第2に、弁護士になった後に、若手弁護士、中堅の弁護士としての活動のなかで夢と現実の厳しさにもまれながら悩んでいる弁護士に、それでも夢を求めて、より一段上のステージでの活動を考えて行く勇気と知恵を磨き上げるささやかながらも指針となることの期待を込めている。第3に、シニア世代の弁護士に、人生100年時代の人生戦略として、年齢に応じ社会との接点を持ち続け、貢献して行く一つの生き方のヒントとなることを狙っている。

なお、「弁護士」はあくまで例示であり、企業で法務、リスク管理、コンプライアンス等に従事する方々も対象としている。年代に応じて弁護士と同様に夢、志、現実との葛藤、年齢へのチャレンジがあり、筆者の弁護士としての経験を幾ばくかの参考にしていただきたい。また、弁護士を利用する際に、弁護士が何を考えているか、どのような「生き物」であるかを理解するための「読みもの」として楽しんでいただければ幸いである。

国際化、グローバル化する世界のなかで、日本、日本人は歴史的、文化的環境、言語、国民性等において多くのハンディキャップを背負っている。世界のなかで生き残り活躍して行くためには、日本人及び国としての日本は、より一層の努力、それも必死の努力が必要である。日本の法律家も、法のプロフェッショナルとして高いレベルでの努力が要求される。「日本の弁護士として」というタイトルには、国際化する日本で、また世界で、日本の弁護士が活躍し、日本の弁護士が世界をリードして行く夢を実現したいという思いがある。

また、国際化、グローバル化する世界の中で法律家として活躍して行く弁護士像とは、国内、海外を問わず国際水準の法務対応を国際標準の実務を踏まえて実行できる弁護士である。「国際弁護士として」というタイトルには、このような弁護士像を将来像とすべきという思いを込めている。

筆者自身、このようなレベルまで到達はしておらず、十分な努力を尽くして来たのかというと、自信はない。このような「夢」の実現には、特に将来を担う若手の法曹への期待が大であり、そのための参考、踏み台として本書を一読いただければ有難く思う。また、先輩、同輩の方々には、ご批判、ご指導を賜り、「夢」の実現のために共に活動いただければ幸いである。

なお、本書の初校確認後に新型コロナウイルス感染症が世界中に蔓延することになったことに伴い、本書の位置付けを若干変更し記述を補充したことについて述べる。先ず、この疫病により、健康、経済、社会活動で被害、制約を受けられている方々、企業の方々に対して、苦しみを共有し、明るい未来の戻ることを共に祈り、そのために行動することを誓いたい。この感染症の急拡大は、グローバル化の進展による人、モノ等の移動、流通の拡大が加速した側面があることは否めない。ただ、終息時期が不明ではあるが、終息に向けて、また終息後には新しいグローバル化が一層進展するものと予測している。その際は、疫病発生のリスクの回避、予防措置、国際的な対応、企業の在り方等についての新たな国際的なルールが構築されて行くことが必要である。企業法務の世界でも、グローバル法務はこれまでのグローバル法務の発展を継承しながら、このようなリスクのみならず環境問題、国際紛争、経済危機等を含むリスクを制御できる能力を備えた一段階進化したものとして再構築されることが期待される。本書では、企業法務の将来像に絡んで新型コロナウイルス後の展望について記述（本書第 11 章）をしているが、これまでの企業法務のグローバル化を踏まえ今後の一段の進化を達成するために、本書が少しでも役に立てることを願っている。

2020 年 7 月

内田　晴康

目　次

第3章　司法研修所での研修と弁護士事務所の選択

第4章　弁護士としての基礎の形成――法律事務所での修業と海外研修

第５章　米国から帰国後の事務所の発展と国際化

第６章　担当した主要な案件 ――グローバル法務関連の案件を中心に

第７章　公益活動

第8章　法律事務所の海外ネットワークの構築

第9章　社外役員としての活動　217

第10章　企業法務の将来と弁護士の将来像

資　料　編

第1章

誕生から高校までの思い出

1　戦後世代・ベビーブーマーとして誕生

弁護士人生を振り返るには、子供の頃に遡り人生の基礎が作られた頃からの自身を語ることから始めるのが良いだろう。子供の頃の記憶が今でも残っているのは、仙台市で幼稚園に入園してからのことである。その前は、母から伝えられた話によると、両親の故郷である岡山県の津山市に近い農村地帯の母の実家で生まれ、父の勤務地である東京に居住し現在の町田市辺りの社宅で生活をしていたらしい。殆ど記憶はないが、やや年上の地元の子に遊んでもらったことをぼんやり記憶している。誕生したのは1947年4月7日、終戦後に生まれたベビーブーマーである。

父は、戦争中朝鮮総督府に勤めていて召集されて従軍経験もあったらしいが、元来寡黙であること以上に何故か戦争を語ることは一切なかった。母の方は、日本人の生活は朝鮮の人々よりは恵まれていたと言いながら、「日本人は威張っていて朝鮮の人を差別している人が多く、戦後怒るのも分かるわ」と良識的な思い出語りをしていたのが印象に残っている。戦中の産業統制会の関係からか戦後は、三共株式会社に務めることになり、農薬の営業を担当し、私の幼稚園時代から高校２年生まで仙台の支店で勤務していた。仙台では、市内の社宅を数回転居し、その都度家が立派で環境の良いところに移るのが楽しみであったと記憶している。

2　聖愛幼稚園――子供の楽園

幼稚園は、「聖愛幼稚園」というキリスト教系で、クリスマスにはキリスト降誕の寸劇を園児が演じ、イースターには幼稚園と同じ宗派の東北学院大学の大聖堂で巨大なパイプオルガンの伴奏で賛美歌を歌い、聖書の朗読があり、イースター用のきれいな色付けをしたゆで卵をもらう等、東北の「田舎」にしては外国風の園児生活を送った。豊かな愛情で規律を尊ぶ教育を受けた以外記憶は殆ど薄れているが、今注目の「いじめ」があったことは何故か頭に浮かんでくる。やや気の弱い子をジャングルジムにひもで縛りつけたりしていたことがあった。いじめという認識のない軽いいたずらのつもりだったと思われるが、あまりに可愛そうでひもを解いて、やめるように仲間を諭した記憶がある。いたずらの延長線で陰湿なものではないが、弱いものをいじめるのは許せないという「正義感」は本能的に持っていたのかもしれない。幼稚園でのガキ大将は正義派の明るいガキ大将で、その後東北大学附属病院の医師として外科の権威者となった。通常、県外から来た子はいじめの対象となりやすいが、彼と親しくしていたのでいじめの対象とはならず幼稚園での生活を楽しむことができた。当時から状況判断と要領は良かったのかもしれない。彼とは、偶々バイオリンを共通の先生に習っており、遊び盛りに窮屈な姿勢での練習を強いられることを如何に逃れるかのみを考えていて小学校低学年で辞めた時に快哉をあげ、彼も同様と思い込んでいたのが、彼は退官後バイオリンを再開しツィゴイネルワイゼンを演奏会で披露したと聞き、記憶の誤りを正した。この幼稚園は、戦後に生まれた西洋化された理想空間、「楽園」であった。

3　片平丁小学校——広瀬川、青葉城を望み

小学校は、仙台市の公立小学校の片平丁小学校に入学した。歴史のある学校である。仙台では江戸時代に武家屋敷のあった地域には番地に「丁」が付き、町人、職人の居住地域は「町」と呼ばれるので、元武家屋敷の跡に創設された「片平丁小学校」の環境は素晴らしかった。学校は校庭の眼下に広瀬川の清流、正面に青葉城のある青葉山の緑あふれる山並みを望み、正門は東北大学の構内に対面し、境界の塀を共有している隣地は、仙台地裁、仙台高裁の広大な緑あふれる敷地という、閑静な地域にあった。通学は、著名な東北大学金属研究所の構内を遊歩し、研究の残滓の鉱石置き場で輝きの良い珍しい鉱石を拾い集めるなど、楽しみながら通学していた。授業終了後は、広瀬川への大階段を走り下り対岸の青葉山、八木山を駆け足でハイキングし、大きな吊り橋を走り抜け、また広瀬川河岸の崖の上り下りを縄のロープを用いてロッククライミング風に楽しんで、日が暮れて家に帰り、母親に叱られるという毎日であった。自然の中で楽しみ、鍛えられ、良い友人を持ったことは、人生のなかで心の底から楽しんだ幸せな記憶として残っている。

副産物としては、日が暮れて家に帰ると母に叱られるので、怒

りを逸らす言い訳を帰り途でその都度考案することが日課となり、爾後に弁護士になってからの弁論術のベースになったのではないかと思っている。もっとも、苦し紛れの「青葉山の方と、家の辺りは日暮れの時間に時差があるのかな」という言い訳は通用せず、より叱られたのが記憶に残っている。叱りながらも笑っていたのでそれなりの効果はあったのかもしれない。

また、仙台市は、東京からの転勤族が数年居住しまた東京に帰る東北地方をカバーする「支所」、「支店」の町であり、小学校の同級生は転校生が多かった。特に、学区内に裁判所、検察庁があったので、その関係者の子弟も級友に多かった。小学校低学年の時の親友は仙台地裁の裁判官の息子で、官舎が小学校に近かったのでほぼ毎日のように官舎に遊びに行った。庭が広く家が広いので遊び場として最高であった。小学校高学年のときの親友は仙台地検の次席検事の息子で、官舎はやはり学校に近く、緑に囲まれた立派な官舎であり、広瀬川、青葉山に近いのでそこを拠点として山遊び、川遊びに明け暮れた。

小学校の先生は皆優秀で教育熱心な先生が多く、授業は充実していた。先生からは予習、復習をするように言われていたが、家では遊びに疲れて早く寝てしまうので時間が取れず、要領よくほどほどの成績を取ってはいたものの、クラスで７番以内のレベルであれば良いと、特に勉学には向上心のない生徒だった。特に、植物の名前を覚えるのと、鶴亀算、和差算等の論理的でない説明を覚える算数が苦手で、算数が得意と自負していた母に「どうしてこんな簡単なことが分からないの」と叱られた記憶が残っている。また、元来シャイで恥ずかしがりであったため、教師がクラスの級長を命じたり人前で話をする機会を与え指導してくれたことに感謝している。ただ、今でも大勢の人の前で話すときは条件反射的に緊張するのが後遺症として残っている。小学生時代は、体力を育み人生の楽しさを知り、好奇心を膨らませ、人間関係を作って行く、深い悩みも無い最も幸せな時期であった。もちろん、最近のように塾に通うというような苦行もない時代であった。

4　五橋中学校――公立モデルスクールの進学校

中学は、五橋（いつつばし）中学という公立中学校に入学した。この中学校は、公立でありながら文部省（当時）の“モデルスクール”として補助金が出ていたので、施設、設備等が充実しており、天文台、理科実験室、職業家庭科の特別教室、音楽室と高価な楽器、さらには本格的な相撲の土俵まで揃っている素晴らしい環境の中学校であった。教師も優秀で教育熱心な先生が揃っていた。入学したときは、ベビーブーマーの波が押し寄せたピークの時で、同学年には16クラスで1,000名近い生徒が居た。公立なので学区内の生徒は学力に関係なく入学できるが、実際には学区外に居住しながら中学の学区内に「寄留」（学区内に進学のために住民登録する）して入学する生徒が多数おり、また仙台市外から列車で通学する生徒も多かった。学校では、生徒会の中に地区会というものがあったが公式に学区外の地区会も認められており、感覚的には4分の1は学区外からの生徒ではなかったかと思う。公立、私立中学を含め市内のトップの進学校で、生徒のうちの100名以上が当時県内トップの進学校であった仙台一高に合格、進学していた。

基本的に、学区内の5、6校の小学校からの生徒が中学に進学するので、小学校で成績がクラスで7番以内というと、中学ではせいぜい100番以内の成績となる。母は何とか全校で50番以内の成績になれば良いねと期待（懸念）していたようである。入学して少し経ったときにクラス分けのための試験があり、その成績に基づきクラスの編成替えをしてクラス間の成績の平均化を図ることになった。何故か理由は分からないが、その成績が良く（某先生の情報では2番）1年2組に組み込まれた。理由は全く分からず、中学の学科に適性があったのか、遊んだ結果が脳の生育に貢献して突然変異したのか、その後の成績はトップクラスであった。

いずれにせよ、急に「成績優秀者」になったためか、学級長、生徒会長等責任ある立場に立たされ（当時の仙台では、役員は生徒の選挙で選ばれるが成績優秀者が生徒会、クラスで役員になるのが一般的であった）、責任感と勉学に対する意欲（義務感）は小学生時代に比べ格段に高くなった。しかしながら、予習、復習、塾等の補充的勉学は面倒で時間の無駄（遊んだり、好きな本を読む時間が無くなる）と、あまり積極的に取り組まなかった。ただ、先生方が極めて優秀だったので、授業に集中し授業で全てを学ぶことを心掛けた。口頭での教師の授業は、紙に書かれた教科書、参考書等に比べて、教師が生徒に分かるように教科の本質的な問題点を理解させようとして工夫して講義するので、教科書等で得る些末な記憶より、本質、原理、真理、ポイントを習得でき、本当の理解が得られ、それに基づく応用力を磨くために効果のある学習であった。先生方に深く感謝している。

遊びの方は、学校での生徒会の役員、クラブ活動の新聞班（学生新聞を発行）、勉学に割くべき時間が増加した結果、限定的になっていった。また、「成績優秀者」として若干の敬遠があるのか、付き合いが悪くなったのか、小学生時代のような遊びの友人が少なくなりやや寂しい気持も持った。中学時代は思春期、反抗期の世代ではあるが、その点はそれほど大きな出来事もなく中学を卒業することになった。仙台市内は公立、私立を問わず男女共学の高等学校が殆ど無かったので、中学時代から、いずれ女性とは別の学校になるということもあり、性別を超えた友人関係はあまりできなかった。社会人になってから、東京で中学の同級会が開催され、男女で楽しい飲み会をしたりして、中学校での男女共学の有難みを後日感じることになった。

5　仙台一高 ――「蛮カラ」、「応援団」、「自由の気風」

(1)　蛮カラと応援団

高校は、中学から100人以上が一緒に進学する県立仙台第一高等学校（仙台一高）を受験して合格した。旧制仙台一中の流れを継いで、旧制一中の生徒の多くが進学していた旧制第二高等学校の伝統の影響を受けた、個性のある高校であった。入学前の出来事として、受験のとき、受験票を家に忘れてくるという失態を犯したことを鮮明に覚えている。パニックになり受験の担当として現場に立ち会いをしていた中学の担当の先生に相談したところ、仮受験票を発行してもらえるが気持ちが落着かないだろうということで､我が家にバイクで向かい受験票を取ってきていただいた。今でもこのことは感謝している。その後日談で、その先生から、「受験票を忘れなかったなら成績が１番だったのに残念」と言われたことを覚えている。当時入学試験で成績１番を取った生徒が高校の入学式で入学生を代表して挨拶をする慣例があったので、五橋中学の卒業生が総代として挨拶をできなかったのが残念であったということのようである。因みに、挨拶をしたのは仙台市外の地区から特別受験枠で合格した生徒であった。

仙台一高の経験は、書き出すと一冊の本になるような思い出深いものである。本書の目的ではないので、幾つかの思い出のみを記す。一番目は、「蛮カラ（バンカラ)」。服装は弊衣破帽、高下駄。二番目は、旧制仙台二中（仙台二高）との野球対抗戦の応援のための「応援団」、三番目は、「自由な校風」である。「蛮カラ」は、当時は大分緩んでいて、服装は学生服、下駄の代わりにズック靴に変化していた。ただし、高下駄を履いて通学する生徒もいるし、革靴に対する抵抗感は強く、革靴を履いていると軟派、軟弱と見られていた。

野球の対抗戦は、仙台市の重要行事でもあり市を挙げて盛り上がっていた。応援練習が学校行事として組み込まれていて、放課後に全学の生徒が応援団の指導の下、応援歌、拍手の練習を繰り返し、ミスをすると応援団の団員に怒鳴り付けられるという独特の世界を共有していた。仙台一高生としての一体感を育む「通過儀礼」でもあった。このように応援は一高生としての一体感が醸成される重要な行事であり、応援団は、花形であった。そのために、応援団員は応援、訓練に要する時間の負担が多く、応援時の高揚感、注目されることのプレッシャーから、応援団員、特に応援団長を務めると、通常の学生生活から乖離し、学業に戻れなくなる事態があり、問題視されるようになっていた。その懸念からか、学校の方針で応援団を改革しようとする動きがあったようである。その流れで、応援団に常識的な優等生を入れようとしたのか、最も応援団員らしくない私が突然応援団の副団長に選任され、高校２年の後半から副団長を務めた。しかしながら、高校３年で東京の高校に転向したので応援団は入り口で終了し、中途半端に終わってしまった。仮に、応援団副団長を最後まで務めていたら、現在とは大きく異なる人格形成がなされ、外面的にも異なり、全く異なった人生を歩んでいたのではないかと今でも思う時がある。担任の教師の応援団改革（常識的な応援団へ）の思いと同時に、応援団の経験が真面目過ぎる生徒の一層の飛躍になるとの配慮もあったのでは無いかと思い、当時を振り返り、別の「人生行路」を思い描くこともある。

(2)　自由の気風

「自由の気風」であるが、一般に「蛮カラ」の気風は、回顧趣味、戦前の軍国主義美化につながるとの誤解もあるかもしれない。

例えば、同様の伝統を引き継いでいた盛岡一高は甲子園で、応援団が弊衣破帽で、校歌の曲は軍艦マーチであり、全国に放映されて注目を浴びたと記憶している。また、仙台一高の校歌は、歌詞の中に「御国の為につくすべし」という一節があり、さすがに当時の心境としては反発があり、この部分は意図的に口をつぐんで歌わず無視していた記憶がある。ただ、実際には、旧制高校の良き伝統に通じるところがあり､思想的には自由を貴ぶ気風があり、思想的な統制は無い自由な校風であった。私は、当時の「知識階級」の一般的な傾向でもある社会主義が理想を実現するという思想に、何となく共鳴を感じていた。中学では新聞班で校内新聞を発行する部活動をしていたこともあり、高校の新聞部への参加を考えて部室を覗きに行ったところ、その部室の隣に「社会班」というグループが部室を構えていた。社会問題を研究する会のようであった。中学の先輩もいたので何となく興味を持ち、勉強会に出てその後も暫く活動に参加した。実際は社会主義思想を研究する会であり、定番のマルクス・エンゲルスの著書『空想より科学へ』､『共産党宣言』等の読書会から始まり、マルクス主義関連の書籍を読み、関連図書を購入するためにこの種の書籍を販売する専門書店に出入りしたりした。また、高校の学生運動、原水協の活動等に勧誘されたこともあった。その流れで、文部省（当時）主導の全国一斉テストに反対する運動（国による学校の管理強化への反対運動）に賛同して、全国一斉テストの受験を拒否したことがある｡全校で同じ社会班のもう一人のメンバーと三名のみ(三人目はテストが嫌いという生徒）が受験を拒否した。この件で、担任の教師に呼び出された。担任の教師は体育の教師で思想的には「タカ派」に見られていたので、拒否の撤回を強要するのかと身構えていたところ、理由の説明を求められ、説明したところ、「しっかりした信念があるのであれば良い。ただ宮城県のテストの平均点が下がるのがもったいない」という、拍子抜けであるが、大人風のお叱りであった。仙台一高は「自由の気風」を重んじているということは再認識できた。

(3)　東京への転校

高校３年生での転校は、高校生活に於ける大きな転機となった。父の転勤の関係で、高校３年生になるときに東京への転校が決まった。仙台に単身の下宿生活で残る選択肢があったが、担任の教師の、高校生の下宿生活は望ましくないとのアドバイスもあり、転校先を探すことになった。担任の教師は、寿司を奢り自宅に泊めて相談に乗ってくれた。翌朝教師の家族を含め神社詣でに行ったことは鮮明に覚えている。東京での転校先も当たってくれたが、ベビーブームで生徒の過剰受け入れ状態にある東京の高校は、３年生での転校生の受け入れをする高校が殆どなく、転入する学校探しで苦労した。偶々、東京の居住地の学区外で転校生を４名受け入れる高校があるとの情報があり、住民票上で居住地を移し(「寄留」) 編入試験を受験した。確か、４名募集のところへ50名以上の応募があったとのことで、無事合格した４名は仙台、名古屋、福岡等の進学校としてトップクラスの高校からの転入生だった（因みに、この転入生は同時に東大の入学試験を受け共に合格した）。

転入した高校は都立大学附属高校で、旧制府立高校の後身の都立の学校である。「理想教育」を追求している先生が多かったので、受験対策の授業が全くないのに驚いた。仙台一高は、東北大向けの受験指導が徹底しており、その変化にとまどった。結局、受験準備は自前で駿台予備校の夏期講習を受けることのみで済ませ、高校の生活を楽しむことになった。クラスは前年からの同一クラスの持ちあがりのため転校生が解け込むのは難しく、当時の東京と地方都市の都市文化の格差が大きかったこともあって「田舎者」扱いもあり苦労した。しかし、親しく付き合う仲間も多数できて、短い期間ながら良い思い出を作ることができた。級友の家での「大宴会」に参加したこともある。担任の教師は、体育専門の女性の先生で、クラスメートと一緒にスキーに連れて行ってもらった記憶（卒業後であったか曖昧）があり、生徒として身近に接していただいた。この高校は、高校生の学生運動に参加する生徒も多くおり、思想的な意識レベル、自己の思想を述べる弁論術等、学生運動のレベルについては仙台と東京の格差を感じた。楽しく面白い自由な学校であったが、大学受験の準備では大きなハンディキャップを負うことになった。学校が受験指導をしないことに加え､理科系の受験科目で化学を選択する予定（記憶では、科学系の受験科目の内で点数が取り易いとの理由）だったのが転校先では３年生の授業科目に｢化学｣は無いということが判明し、急遽高校の教師に個人の特別授業を依頼し受験準備をすることになった。高校の教師は優秀な、教育に情熱を持った先生が多く、この化学の教師も高校生レベルとしては高いレベルの内容での個人教授であった。ただ、高度ではあるが化学理論の本質を踏まえ理解させる講義で、受験のための講義ではなかったが、むしろ頭にしっかりと残った。大学受験では化学が完璧であったと感謝している。このように性格の大きく異なる高校での学生生活を経験できたことは、その後の人生において、幅のある多様性のある人間関係を構築することに役立った。

(4)　出 身 地

なお、仙台で幼稚園から高校２年生まで学生生活を送り、友人も小、中、高校で重なり合う級友も多いことから、心情的には仙台を「出身地」と考えている。両親とも岡山県の出身で、親戚も仙台におらず、「仙台弁」を身近で教える親戚もいなかった（仙台では「今晩は」を「お晩です」と言うが、今でも自然には発声できない）が、やはり仙台が出身地である。また、仙台の高校を卒業はしていないが、仙台一高の同期生の好意で、卒業生として扱ってもらっている。高校は８組までしかなかったが、「９組」という仮想クラスを作り、高校を途中で転校した者を９組として名簿に載せ、同窓会、同期会に誘ってもらっている。本当に有難いことであり、同期の友人達には心から感謝している。

6　英語の私塾

中学、高校を通じて学習塾には通わなかったが、唯一英語の私塾に通い、そこで受けた指導がその後の弁護士としての国際的な活動に大いに貢献したので、少し触れたい。仙台市の郊外の閑静な住宅地域に家族で転居したところ、近所に東北大学の教授夫人で少人数の学生に個人的に英語を教えている先生がいるとの情報を母経由で知り、入塾をお願いすることになった。少人数の塾で、優秀で真面目に英語に取り組む生徒以外はダメとのことで、面接では緊張して多くは語れなかったが幸い入塾を認められた。怖い先生との前評判であったが、実際には米国に夫婦で留学した海外経験豊富な型破りの面白い先生であり、実際に役立つ生きた英語を勉強することができた。英語の発音、単語の理解を厳しく教え、遊びながら英語を覚え、英語を楽しんで学ぶことを教えてもらった。また、クリスマスには米国流の祝い方を経験し、東北に居ながら国際的な息吹を感じることができた。それに加えて、先生の人生観が当時の日本人の基準からみると先進的で、弁護士を目指す決定をするについては、大きな影響を受けた。その際に一緒に学んだ友人は、一人は大学も一緒で建設省（当時）の幹部に、一人は仙台市で弁護士になり（司法研修所で同期となるという不思議な因縁）、もう一人はテレビ局で記者となり中国、ニューヨーク等の特派員をつとめ、最近はミャンマーでの放送制度整備の活動を支援している。それぞれ、この私塾の教育を活かしたものと思っている。

第２章

大学での経験と弁護士の選択

1　教養学部（駒場）での学生生活

(1)　リベラルアーツ（教養）を学ぶ

目標としていた東京大学文科一類（法学部進級予定）に入学したものの、将来の職業、専門分野の選択という目標に関しては全く白紙であった。当時の東大法学部は、法曹界を目指すための学部というより、政界、官界、実業界で活躍する人材を育成するエリート教育の場という雰囲気が強かった。法律はそのための武器、道具であり、法律を専門的に職業として選択する意思を明確に有している学生は少数派であったと思う。特に、司法試験を受験して弁護士、裁判官等になろうと考え、入学時からその為の準備をしようとの意識を持った学生は極めて少数派という記憶である。また、東京大学では、法学部進級予定の学生は教養学部文科一類に配属され、最初の２年間は駒場にある教養学部で、専門について学ぶというよりLiberal Arts（教養学科—基本の７分野よりは広い範囲で文科系を中心の学科）を学ぶことが主眼で、政治、哲学、歴史、文学、経済、科学史、外国語等、広範な科目を幅広く学んだ。その間は、法律を学ぶために「法学部」に入学したという自覚もなかった。その意味では、豊かな教養を身に着ける貴重な機会を与えてもらえたことを感謝すべきであろう。この意義は、後日認識することになり、また、専門化の進む社会においてLiberal Artsを学ぶことが専門分野においても独創的な発想、思考を生み出すことになると近時は再評価されていることもあり、この時代に戻って真摯に「教養科目」を学び直したいという気持ちが湧いて来ている。現在の学生諸君には、後日後悔しないように、是非とも幅広い多様な学問を学ぶ機会を大事にし、束縛から解放され自由に学び、楽しみながら学習をして欲しい。

(2)　学業以外の活動――スキー部

大学の新入生は受験から解放された自由な気分から、運動系、文化系、「お楽しみ」系の様々な「部活」に積極的に参加する学生が多かった。私も、真面目で深刻な葛藤を要求される社会思想系の部活から解放されて、楽しい趣味的な活動のできる「部活」を探した。運動系では、趣味としていたスキー、テニス等を楽しめる気楽な部活はないかと情報集めをしたが、当時はそのような同好会は少なく、人気のない日陰者扱いであった。例えば、テニス部は短期間籍を置いたが、本格的な体育会テニスを目指すアスリート集団であり、運動能力については平均レベルということでは先は見えないということもあり、直ぐに退部することになった。スキーは小学生から親しみ、スキー場の白一色の幻想的な雰囲気に惹かれており、大学卒業後はヨーロッパ・アルプスの著名なスキー場で滑走することを夢見ていたこともあり、スキー部員勧誘の立て看板に誘われて「スキー部」へ入部を決めた。夢は、スキーを楽しみながら白銀の世界で仲間と滑走、歓談し、女子学生も交えた楽しい時間を過ごすことであった。その夢は、直ぐに破れた。まず、夏の間はスキーではなく陸上トレーニングが中心で、駒場の広い構内の外周を何周回か走り、うさぎ跳び等の伝統的な体をいじめる運動をするという苦行を週に数回やらされた。極め付きは、検見川にあった大学の運動施設（東京オリンピックのクロスカントリーの競技場）での合宿であった。体をいじめるトレーニングの後、クロスカントリーのコースを走る毎日はつらい日々で、雨の日はランニング無しと喜んでいたらトレーニングを一日中やらせられ、今度は晴れの日を期待するようになったりと苦しんだ。スキーの競技で入賞を目指す場合には当然のトレーニングなのだろうが、スキーを楽しむ目的のメンバーには違和感のあるトレーニングメニューであった。冬の合宿はこれを上回るトレーニングと、実戦に備えての練習、先輩の参加する競技の実戦の応援で、数週間雪山にこもる厳しいものであった。また、痛感したのはスキーの技術レベルの格差であった。仙台育ちなのでスキーは上手いと誤解され期待されたが、北海道、青森、秋田等とは異なり東北でも太平洋側は雪国ではなく東京育ちと同じ環境であり、さらに東京のように近くに設備の整ったスキー場があるわけでもなく、スキーの指導を受ける環境もないところで育ったことで、逆にハンディキャップがあることを痛感させられた。さらに、スキー部はその当時体育会スキー部として認定され本格的な体育会運動部となることを目指していることが分かり、本郷での専門的な勉学が始まることもあり、2年目に退部を決断した。同期で入部した部員のうち半数近くが退部した。

その後、スキー部は体育会運動部として実績を挙げ、寄付を募って部員のために白馬のスキー場に山荘を立てるという快挙を成し遂げている。OBとは言えない立場であるが、一時期籍を置いたスキー部の発展を嬉しく思っている。幸いに、同期の距離競技の期待の星であった経済学部の竹内中和君が、途中退部者を含めた同期 OB 会を組織して年に数回懇親会を開催してくれており、楽しい同期の交流を楽しんでいる。米国で活躍している同期のメンバーが帰国した際には、前後の期のメンバーを含めて歓迎レセプションを開催したり、中途半端な中退者ではあったが駒場の青春時代の思い出を共有させてもらえるのは有難いことである。因みに、合宿をご一緒した法学部の先輩は、唯一合宿中に法律の本をベッドで熟読していた例外的な勤勉者で、弁護士となって公益、人権等に関わる弁護士業務を全うして亡くなられた。真面目な先輩として記憶に残っている。

このような部活が、自身の弁護士としての職業に役に立ったかというと、直接的に役立つものはなかったかもしれない。少なくとも、子供の頃虚弱だった体が、小学生時代に山野を走りまわったことに加え、スキー部の合宿、練習で鍛えられたことで、弁護士となり現在まで体力勝負のクリティカルな局面においてこれを乗り切る原動力となっていることは成果であろう。また、法律家の狭い世界の交友を超えて海外で活躍している別分野の友人と交友できたことは、広い世界での活躍を目指す刺激剤となった。一例ではあるが、米国のロースクールに留学中、ニューヨークからドライブしてボストンに近い世界的に有名なスキーリゾートに、スキー部同期メンバーで米国留学を経て米国企業の幹部となった K 君に招待されて行き、有名な数学者の広中平祐教授と世界各国からの弟子の方たちとの食事会に参加して歓談の機会を持てたことは、国際的に活躍する著名人の颯爽たる姿を見て、将来の目標として夢を育む感激の瞬間であった。

⑶　初めて法律を学ぶ

専門分野の法律について大学でどのように学んだかということに焦点を当てて、回顧してみたい。大学入学までは特に法曹界に進む意思はなく、官界、政治分野等で公益的な活動、社会的に貢献できる職務に携わりたいという漠然とした目的で東大法学部を目指し入学したため、法律の分野の専門家または法曹となるために法律を学ぶということには特別に強い意欲を持っていなかった。

教養学部時代は、幾つかあった法律系の授業を受動的に聴講する以外に、特に特定の法律分野に関心を持ったり、積極的に法律分野の勉学に励むということはなく、法律を本格的に学ぶ前の猶予期間をそれなりに楽しんだという記憶である。駒場での後期になると法学部の法律科目のうち数科目について単位を取得することが義務付けられていたので、法律科目を幾つか受講するようになった。その中で記憶に残っているのは、当時新進気鋭の民法の教授であった星野英一教授が試みた、米国のロースクールの双方向的な教授法である「ソクラテスメソッド」を導入した授業であった。事前に事案の概要、関連判例、文献等の資料が配布され、学生は事前にこれらの参考資料を読んでいることが前提で、授業において教授の指導の下に法的争点の洗い出し、相違する意見のぶつけ合いをすることで法的な思考能力を磨いて行くという、米国ロースクールでの典型的な教授法に基づく授業であった。残念ながら、当時の講義は著名な教授の講義を聞き、教科書を読むことで学習するという古典的な教授法が主流であり、学生としてはソクラテスメソッドの目的、意義を十分理解できなかった。特に、知識としての法律、法体系を学ぶことを主目的としている当時の学生にとっては、法律を駆使して一定の案件について法的論争をする技術を磨くという「弁護士がやるようなこと」を大学の授業として行うことに違和感があったかもしれない。また、多数の学生は事前に宿題を読み自ら考え準備をするという習慣がないことも影響したのか、当時の学生の参加への取組みは教授の期待にそわなかったのではと、申し訳なく思っている。また、判例等のベースになっている案件は、社会的なインパクトのある事案ではなく、日常的な争いごとにかかる案件が多く、それをベースに法律的な思考方法を習得するという作業は、弁護士志望でない学生にとっては興味、意義を見出すことは難しかった（宇奈月温泉事件とか、命名が印象的ではあるが推理小説の題名のような案件を用いていたとの記憶しかなく、星野教授の教育に対する情熱のみ強烈な印象として残っている）。また、判例、法律の条文解釈は、法律を活用するための道具であり、その道具を如何に行使するかを学ぶことは、道具としての法律を駆使して目的を実現する実務の世界に入って初めてその意義が分かるものの、学生には情熱の湧くものではなかった。今、学生にソクラテスメソッドで教育する場合は、まず、実際に法が実務の中でどのように機能しているか、例えば、訴訟のような対立構造での紛争においては原告、被告としてはどのような主張が可能か、裁判官としてはどのような判断が可能であり、合理的であるかを学ぶための作業との位置付けで行い、他方、法の基礎を理解するためには、端的に現状での通説、判例を前提に、その前提に基づく事実関係へのあてはめを学ぶための事例を題材に教授による指導で理解を深める等、目的に応じた適切なメソッドを用いるべきであろう。ロースクールの先生方は既に実践されていると思うが、ロースクールの教育では、双方向的な教授法を採用する場合は、法律を学ぶことがどのように役に立つのかを教え、そのうえで判例、法の解釈の知識が如何に必要か、また解釈には絶対的な基準はないこと、立場による解釈の違い、合理的な解釈としての要件等が何かを理解するための思考訓練であることを学生に十分認識させて、勉学意欲を刺激して目的意識を明確に持たせることが必要ではないかと考えている。

個人的な法律の勉強としては、法律学科の理解のために同じクラスの数名と勉強会を持ち、夏休みを利用して追分の民宿で合宿をしたことを思い出す。教科書、参考文献を持参し熱心に問題点を議論したことで、理解を深めるとことができた。学生間でのソクラテスメソッド類似の学習法で、自己満足的な理解が、他者の理解と異なることが多いこと、自己の解釈が合理的であると他者を説得する理屈の立て方を工夫する等学ぶところが多かった。当時の合宿参加者のうち一人が弁護士に、一人が厚生省（当時）から宮城県知事になり、一人が郵政省（当時）のトップになり、一人が化学会社の幹部から家業の社長となりと経歴は異なっているが、最近は年に数回「五人会」と称して、飲みながら情報交換、歓談をする機会を設けている。

2　法学部（本郷）での経験

(1)　法律を学ぶ

本郷に進級すると、法律を専門的に学ぶための環境が整う。場所も変わり、大学の正門の威厳のある佇まい、銀杏並木、「赤門」、「三四郎池」、「安田講堂」等歴史を感じさせる「名所」が相俟って学問の殿堂という雰囲気が醸しだされ、学ぼうという意欲が自然に湧いてくる。ただ、法学部の授業は基本的に大教室における講義中心の授業であり、内容は深く、興味を惹くものであったが講義を一方的に聞くのみの受動的な学習が中心であった。また、「ゼミ」は選択科目として選ぶことは出来たが、人気のある「ゼミ」は定員があり抽選で決定され、興味のある科目のゼミも日程が合わないと選択できない等学生には極めて不親切なカリキュラムの作り方であった。ゼミで少人数で学ぶという大学の本来の機能がない、「最高学府」と称するにはお粗末な状況であったと言わざるを得ない。そのこともあり、法律を熱心に学び、共に学ぶ仲間、指導をしてくれる教師、先輩を得るのは、学生各々の努力に委ねられていた。その意味では、学生の自主性を重んじていたとも言える。法律を自主的にしっかり学ぶためには、例えば、当時は法律相談所、セツルメント法律相談所等に参加することが王道であった。私は、法律の世界にどっぷりと浸かる覚悟が無く、面白そうな場でもなさそうということで選択しなかった。ただ、法律専門家の道を歩むことになった身として今ではこのようなサークルに積極的に参加しなかったことを残念に思っている。また、当時先輩であった江頭憲治郎先生、久保利英明弁護士等が中心になって法律研究会を創り誘われて何回か参加したものの、同様の理由で途中から出席しなくなったことも今思えば非常に残念である。しかしながら、学生時代に法律学の世界になじまず王道、本流を歩まなかったことが、その後に当時の「傍流」であった国際法務の世界に向かうことになったのかと思うと、当時の不決断が結果的に、個人としては良い方向に働いたのかもしれないと考えている。

(2)　学園紛争と短縮授業

本郷に進級して、本格的に法律の勉強を始めようとした頃から、東大では医学部の学生処分に抗議する医学部のストライキ、学生排除のための機動隊の導入等を巡る「学園紛争」が徐々に全学に拡大するようになっていた。秋の学期の始まった初日に加藤一郎教授の不法行為法の授業（大教室での講義）があり、その翌日から授業が休講となり、1968年10月からは法学部もストライキに突入し全学部がストライキに入り、学園封鎖の状態となった。その後約半年近く、学生により学校が封鎖されて全学部に亘り授業無しという前代未聞の事態に巻き込まれて行った。当時は「大学の自治」は戦前の反省もあり、絶対不可侵の規範であり、大学の要請がなければ警察官（機動隊）を大学構内に導入し学園封鎖をしている学生を排除することは出来ないと理解されており、当初の小規模な機動隊の学内導入が学生の大きな反対運動を引きおこしたこともあり、大学も大学への大規模な機動隊の導入は決断できない状態であった。その後、大学の決定で機動隊が導入され封鎖が解除されるまでに１年近くを要したことになる。

ストライキ、学園封鎖は学部毎に学生の総会で決議されたが、個々の学生の対応は、①「過激派」と呼ばれたグループ、そのシンパ、②「民青」という共産党の影響を受けた集団、そのシンパ、③「ノンポリ」と呼ばれたストライキの意義については共感するもののいずれのグループにも属さず一定の距離を置きながら是々非々で活動に参加するグループ、④学園紛争に無関係に勉強をするグループ、⑤ひたすら遊びに励むグループ等に分かれていた。私は、「ノンポリ」グループで、仲間と集まっては大学改革について議論し、各「政治」グループの活動で妥当と思われるものに参加、協力をしながら過ごすという学生生活であった。その時の仲間は前述（25 頁）したように、現在「五人会」と称して年に数回食事をしながら懇談をしている。

元々この紛争は、封建的な徒弟制度が問題視されていた医学部の改革を求める運動が医学部内にあり、その運動に参加していた学生に対する処分が不当であるという抗議運動が発端であり、医学部を中心に同様の問題を抱えている理工系学部の学生等が運動をリードしていた。法学部は運動の目的を共有する素地がなかったこと、秩序を重んずる保守的な学生が相対的に多かったこともあってか、盛り上がりには欠けていた。この「学園紛争」は途中から政治運動化し、「学園闘争」として自己の覚醒、大学改革、社会改革、さらには革命（複数の集団に分かれていたもののマルクス主義に基づく社会変革）を目指すという方向の運動となり、特に意識の高い学生以外は次第に運動に距離を置くようになっていった。私は、「マルクス主義の麻疹（はしか）」を高校生時代（仙台一高）に社会班というクラブに属して共産主義関連の書籍の読書会等で経験し、高校生の学生運動に関わっているグループとの活動で協力したりして行く中で、マルクス主義をベースとした運動に特有の政治志向、暴力的な革命の志向、過大な自己犠牲の要求、観念的な他者排除への嫌悪感等から、このような運動からは既に「卒業」していたので、大学生になって初めてこのような社会意識をもつに至った多くの「活動家」グループを冷ややかに距離を置いて見ていたという記憶である。その後米国への留学等で、社会主義、共産主義を志向する以外に、社会の改革、政治改革を目指す運動があるということを経験するに至り、当時の日本の特殊な政治、思想状況が若い世代の理想主義の健全な育成を阻んでいたのではないかと残念に思っている。当時の日本の良心的な知識層は、当時の社会党、共産党に近い思想、政治志向で、民主主義、自由主義、市場経済の下で社会の改革、政治改革を志向するという選択肢はあり得ないという、一種の「共同幻想」に束縛されていたのではないかと思っている。なお、東大での学生運動についての思い出について、誤解が無いようにコメントを加えると、大学改革の必要性、これに伴う社会改革を真摯に考え改革の為の活動に真面目に取り組んでいた多くの学生が居たこと、彼らの良心的な活動に対しては今でも敬意を払っていることを付言する。

その後運動は、1969年1月の大学当局の警察官（機動隊）導入による封鎖解除によって、安田講堂に立てこもる学生の強制排除を経て、ストライキの解除が学部ごとに決議され収束に向かった。法学部の有志グループがストライキ解除の運動をリードして法学部が最初にストライキ解除を決議した。法学部は、最後にストライキに参加し、最初にストライキを解除することで、法と秩序の守護神であることを示したとともに、運動参加者から見ると改革の為の運動を裏切った主犯として批判の目でも見られていた。この「学園紛争」は、結果的には大学改革に大きな成果をもたらさずに終わることになった。学生運動主導による社会改革は、過激な政治志向の運動に引きずられるようになり、学生多数の意識、社会の意識から乖離し、孤立して、公権力による排除により終焉し、その後には何ら改革の実績が残らないという結末となることを繰り返しているとの観を持つ。最近、香港の大学での武装警察による学生排除の様子をテレビで見ていて、ヘルメットをかぶりマスクをした学生が警察に排除され、現場には学生の武器として製造された火炎瓶が転がっているという様子は、この安田講堂での学生排除の際にテレビで放映された映像の再現のように見え、偶然の既視感があった。香港の民主化の動きが一時的な抵抗に終わらず、建設的な解決に向かうことを願っている。

学園封鎖解除後の授業は、1年半を要する課程を1年以内で完了するために、超短縮授業で通常の単位を与え、試験の多くはレポート提出という変則的な形態で行われた。「レポート試験」では、要領の良い学生は分担して模範答案を準備し、それをベースに、適宜各自が改変して提出するという方法をとっていたようである。私は、妙な正義感と要領の悪さから「チーティング」と疑われることを嫌い、一人で答案を作成、その結果もあってかほとんどが普通点採点であった。このレポート試験の好い加減さは、その後の自身の進路選択に少なからず影響を与えることになった。

なお、法学部での記憶は、学園紛争、学園封鎖の記憶が強烈で鮮明に残っている一方、それ以外の勉学、授業、ゼミ、課外活動等の記憶があいまいで、詳細に関しては記憶に誤りがあるかもしれないことを注記する。

3　就職――官僚への途と弁護士への決断

さて、就職となると、学園封鎖前に一応とりあえず受けていた国家公務員上級職試験には合格していたので、他の選択肢よりは「役人かな」という曖昧な理由での選択をしていた。2、3の官庁の面接等を受けた結果、経済系の官庁のうち第一志望の官庁は最終面接で落選（東大流の「成績至上主義」に則ったコメントで心苦しいが、当時は学校の成績、特に「優」の数が重要評価項目で、レポート試験の「優」の少なさが影響したのではと邪推している）、経済系の官庁として次点として選択していた官庁から採用通知を受けた。その後、そのまま就職をと考えていたが、学園紛争を通じて感じた政治家、官僚等の「大人」の世界への不信感、権威が簡単に崩壊する過程を体験したこと等から、組織に属し権威に依拠して治める官僚に比べ、より自由度の高い職業を選ぶべきではないかと悩み始めた。偶々、仙台の友人、恩師等に就職の挨拶に行ったとき、中学、高校時代に英語を個人的に習っていた東北大学教授夫人の先生（15 ~ 16 頁）に挨拶に行ったことが人生の大きな転機になった。「米国流」の官僚嫌いで、「役人より、能力をもっと自由に使う専門職を目指したら」との趣旨の苦言をいただいた。結果的にその言葉が悩んでいた選択の最終決断の背中を押したものと考え、今では心から感謝している。

就職予定日の 1 月前に、採用内定をしていた官庁の人事課長に、司法試験を受けるので就職は辞退したいと告知し（雪の舞う日でした）、にわかに猛勉強を開始した。集中しての勉強のおかげと幸運に恵まれ、綱渡りの人生の転機を無事に切り抜けることが出来た。大学については、第二類（公法コース）を 1970 年 3 月に卒業し、法曹を目指すための科目が必修の第一類（私法コース）に学士入学をし、司法試験の勉強、法曹として履修の必要な科目を学んだ。

第３章

司法研修所での研修と弁護士事務所の選択

1　司法研修所時代

当時の司法研修所は研修期間が２年間であり、有給で、最初と最後に３か月間の合同研修があり、それ以外の期間は裁判所、検察庁、弁護士事務所での実務研修があった。少人数であり、余裕のある研修プログラムが実施される居心地の良い研修であった。実務研修は各地に分散して行われ、希望をベースに配属される。私は神戸修習に配属され、素晴らしい港町神戸での生活を楽しんだ。

研修所時代は、研修としての最低限の勉強はしたものの、それ以外は遊び、学園紛争の名残としての「政治活動」で時間を過ごした。特に、実務修習地の神戸では、裁判所での研修は隔日ということもあり、必修の課題はこなしつつ、研修外では、飲み会、麻雀、スキー、テニス等に明け暮れた。この時間を、語学、専門分野の学習、高尚な趣味の開拓等に少しでも向けていたらと後悔している。この点は小学校時代からの、時間があれば、まず「遊ぶ」という原体験のせいかもしれない（5頁）。もっとも、前期、後期に３か月ある合同研修の授業は、実務を知る面白さと好奇心を刺激する内容もあり、それなりに真剣に取り組んだ。また、実務修習でも、熱心な指導教官、指導担当弁護士の薫陶を受け有意義な実務経験を積むことが出来たことには心から感謝している。

「政治活動」は、反戦法律家連合（反法連）というグループに属し活動をした。学生運動の延長線で活動する「新左翼」といわれるグループの活動家、シンパを中心とするグループで、その理念のもとでの活動（講演会、意見表明、訴訟支援、ビラの配布等）にシンパとして参加した（「活動家」への距離感は、28頁）。この活動の中で大きな焦点となったのは、検察修習での「取調修習拒否」という運動であった。検察の実務修習では、修習生が検事と一緒に被疑者の取調に立会い実務経験をすることが行われていた。これに対し、未熟な修習生が国家権力の行使に関わることの問題を指摘し、このような「取調修習」を拒否すべきとの論理での運動であった。取調修習拒否により研修所から厳しい処分がなされる恐れがあるなか、ある種の「踏み絵」ともいうべきものとなり、当時の新左翼の「自己改革」志向の運動に類似する性格を有するものであった。研修所からすると好ましい運動ではなく、修習生の過半は冷ややかな目で見ていた。大学時代に学生運動に距離を置いていたことの反動、弁護士という職業選択をしたことでの弁護士の良心の在り方についての悩みもあったのかもしれない。結果的に「同志」として活動をしていた仲間を裏切れないという意識が強く、取調修習に携わることを拒否した。

研修後の進路の選択としては、このような事情もあり裁判官、検事への任官は無理と判断し、弁護士としての選択も企業法務系の大手事務所は難しいであろうと考えざるを得ないという状況であった。

2　弁護士事務所の選択

当時の弁護士の選択肢は、個人事務所を直ちに開設する弁護士は少数で、私見により一般化すると、①一般民事案件を扱い「いそ弁」をしながら独立を目指す、②企業を代理する事務所に入り「いそ弁」をしながら独立を目指す、③労組、中小企業、個人等向けの業務をしながら、えん罪事件、労働事件、人権、公益的な案件に注力する、のいずれかであった。もっとも、当時の「企業法務」は、企業の訴訟、不祥事対応等の相談、保険会社、クレジット会社の債権回収、交通事故、保険事故対応等の業務が中心で、現在の企業法務とは大きく異なっていた。また、国際案件を扱う「渉外法律事務所」は、数も少なく、外資系企業の日本での法律問題を主として扱う英語力のある人が入る特殊な法律事務所という理解が一般的であったと思う。

弁護士事務所の選択は、将来の弁護士人生の方向を決める大きな決断である。私は、社会的な意義がある案件を扱い、社会的貢献をしていると評価されるような弁護士活動をしたいという願望から、当時は①、②を積極的に選択する理由はなかった。そうすると、③の選択になるが、③については、研修所後期から新左翼的な考え、「既成左翼」の行動に疑念を感じていたこと、人権、公益、政治的案件に身を捧げて取り組む覚悟、強い志向が無かったことから、最終的な選択をするについて悩んでいた。その時、「反法連」の先輩である久保利弁護士から、事務所で新人を求めている、企業法務をやりながら人権事件、政治的な案件、えん罪事件等を扱うことは自由であるという条件で勧誘があり、面接に行ったところ面白そうな事務所という印象と、自由にやらせてくれるという条件が魅力的で、入所することを決めた。並行して、父の知人の紹介で企業クライアントを中心とする中堅法律事務所も紹介されたが、そちらはトップのシニアの弁護士が事務所に君臨しており業務の自由度が低いと感じ断った。当時は、これから発展する可能性はあるものの、若手の弁護士のみで不安定な印象のある事務所と、既に業務の体制が固まり、良質なクライアントを有している法律事務所のいずれを選択するか大いに悩んだ。

弁護士事務所選択に当たってはこのように確固たる理念、信念で決定したわけではなく、法律事務所の実態も殆ど理解していない状況での選択であったが、結果的には弁護士人生で最高の素晴らしい選択をしたということを、現時点で振返り再認識している。直感的な第一印象は面白い人達という印象で、勘に頼った選択の賭けに勝ったのかもしれないと、「勘」、「運」の良さに感謝している。

これから弁護士事務所を選択しようとする若手の司法修習生にとっては、当時と比較すると選択肢は大きく変わり、広範な選択肢があり、羨ましく思う。選択肢としては、①個人案件中心の法律事務所（将来的には独立）、②中小企業、個人企業、個人の案件中心の法律事務所、③倒産、民事再生、知財、独禁法、会社法、労務等の専門分野に特化した“ブティーク”法律事務所、④人権、公益活動を中心とする法律事務所、⑤大、中規模の企業の法務問題を扱う法律事務所（専門分野は複数をカバー、国際案件も扱う）、⑥外資系の法律事務所等であろう。各々、自身の希望を明確に定め、十分に情報を集めて選択すべきである（詳細は、**第10章**）。

第4章

弁護士としての基礎の形成
――法律事務所での修業と海外研修

1　初期の修業時代（1973年～1977年）

(1)　入所当時の森綜合法律事務所

入所したのは森綜合法律事務所である。福田浩弁護士、本林徹弁護士、古曳正夫弁護士、久保利英明の各弁護士が先輩で、私の入所当時同事務所配属の修習生で翌年から事務所に参加した飯田隆弁護士からなり、丸の内のビルに事務所を構えていた（私の入所の1年後に銀座に移転）。修業時代はこの環境で開始された。当時の事務所の様子については、私が38年後に事務所の所内ウェブサイトに寄稿した以下の記事を参照頂きたい。

【入所当時の事務所の状況】

誰も知らない昔の丸の内の話です。

今の事務所の様子と対比して今昔の感を味わい、現在に続く事務所の“DNA”の誕生の原点を知って頂ければと思います。良質のDNAか悪性かは読後の判断におまかせします。

38年前に森綜合法律事務所で勤務を開始したのが、将にこの丸の内の同じ敷地に建っていたビルでした。銀座、JFEビル、北口ビルを経て35年ぶりに古巣に戻ったことになります。今回の移転前に新ビルの下見をしていなかったので、出勤初日にビルの外壁の1階部分の装飾を兼ねた懐かしい古色蒼然たる石の壁を初めて見て、この石壁のビルに居たのだと思い出し突然35年前にタイムスリップしたかのように当時の記憶が舞い戻ってきました。当時丸の内八重洲ビルという古いビルがこの一角にあり、事務所はその中のまた狭い一室にありました。このころ、昼食に良く出かけた隣の古河ビル（ある日昼食中に三菱重工を狙った過激派による爆破事件があり、多数の犠牲者がでました……)、ショッピングに活用した隣接の三菱商事ビル等数棟の敷地を合体した土地に、現在の巨大なパークビルが建てられたのです。

規模感で比較すると、当時の事務所全体の面積は、現在の22番会議室プラス小会議室程度で、今の事務所でいえばほんの一隅に過ぎない広さ（狭さ？）だったと思います。(中略) 和文のタイプライターは活字をピンセット様の器具で拾いあげて印字するという職人技を要するので、専門のタイピストがおり、他は秘書１名、事務員１名、先輩弁護士４名が総勢です。応接室は確か２部屋で、……クライアントが重なると、地下の喫茶店で待ってもらっていました。当時、本林、古曳、福田、久保利弁護士が騒々しく働いており、熱気だけはものすごく充満して狭い事務所からあふれ出んばかりでした。合議はしょっちゅうあちこちで始まり、と言っても少人数で狭いところに居るので直ぐに全員合議となり、議論というか喧嘩、口頭の殴り合いのようなものを年中やっていました。廊下の向いにあった当時の名門渉外法律事務所の先生方は事務所が何時解散するかと心配（期待？）していたようです。(中略)

食事は毎日豪勢で、誰かが遅い時間に誘うと皆で夜遅くに遠くまで食事に出かけました。気に入るものがあると、例えばアイスクリームはバケツ一杯もってこいと注文したり、メニューも上から下まで全部とか、今思うと常軌を逸した集団に見えたのではないかと思います。

新人歓迎会も何度かやってもらったような気がしますが、歓迎というより先輩方が楽しむためのダシのようでもあり、強いて歓迎されたという記憶のあるものを紹介すると、一つは蒙古風のパオの中でジンギスカン鍋を囲んで大騒ぎをしたことがあります。家内も新婚ほやほやで招待され、本当に蒙古族の仲間にされてしまったのかと心配したのではないでしょうか。

もう一つは、初めての忘年会で、事務所の慣習で新人が幹事ということで熱海に出かけました。完璧に手配をしていないと評価が下がり無能扱いをされるので、真剣に準備をしました。ところが、当日某先輩弁護士が毛皮のコートと、毛皮の帽子で現れ、仲居さんが質問しても、フロントの人にも訳の分からない言葉を発して、それを他の先輩方が通訳して日本語に訳してこの人はネパールから来たお客だと紹介する始末で、宿の人は帰るまで完全に信じていました。仲間だけのときは日本語で話しているのですが、「ごめんください」と仲居さんが部屋に入ってくると慌ててネパール語風造語をしゃべりだすということを一泊二日続けました。まずは相当に驚いたところで宴会が始まり、先輩の出し物は舞踊入り「赤城の子守唄」で、30過ぎの弁護士が真面目にこのようなことをやっている姿を思い起こしていただければ、雰囲気の異様さはお分かり頂けるかと思います。

名誉のために一言コメントをすると、仕事は“ベスト・フォー・クライアント”で他の弁護士の数十倍はやっていたと思います。知力、体力のある若手弁護士が理想の事務所を求めて青春のエネルギーをぶつけ合う“梁山泊”と考えれば、数多ある愚行を補って余りあるものであったと思っています。ここに登場するネパール人は倒産法の第一人者となり、子守唄の唄い手は日弁連会長となり、バケツでアイスクリームを注文していた先輩は株主総会に新風を吹き込むパイオニアとなったことが、その証左かもしれません。なお、弁護士より働く修習生は日本一馬力のある弁護士として事務所創成期を仕事と財務で支え、やや距離を置いて付き合っていた弁護士は、さらに距離を置いて米国留学、研修を経て、日本人弁護士として初めて米国司法試験に合格するパイオニアとなりました。（中略）

このような丸の内での私の生活は僅か一年で終わり、「弁護士より働く修習生」が弁護士として入所して「引越隊長」として完璧な引越を実行してこの丸の内を去り、その後丸の内の古巣に戻るまで37年が経過した訳です。

（森・濱田松本法律事務所　所内ウェブサイト
「今日の弁護士」への寄稿の抜粋）

⑵　森綜合法律事務所での仕事

この時期は、あらゆる多様な案件を、先輩弁護士等（３名の10期上、１名の２期上の先輩と１期下の同輩）とともに、または個人で単独で担当した。親族間の遺産を巡る紛争、離婚事件、土地境界争い、民事、刑事の訴訟、借地、借家事件、債権回収、破産、会社更生事件、刑事事件等、幅広い分野に及び、依頼者の多様性を含め貴重な経験ができた。初期の修業時代に、熱意溢れる優秀な先輩、同僚と仕事ができたことが弁護士としての基礎づくりに大いに役立った。

当時、事務所は大型の会社更生案件を多く受任していたので、管財人を補助する法律事務所として、先輩と共に多くの会社更生の案件に関与した。通常の会社と異なり、更生会社の経営は管財人が当たるので、若手の弁護士も経営に意見を述べ、会社の重要な決定に参画し、また弁護士に与えられる裁量権が大きいので、弁護士としての経験の幅を大きく広げることができた。留学前に初めて主任として任された会社更生の案件は、大手自動車会社の自動車用車体装備の製造、設置、販売をする同族企業の会社更生の申立てであった。申立て直前は近所のビジネスホテルに宿泊して徹夜で準備をした。面倒見の良い法律事務所だったので、先輩が共に宿泊して支援したり、重要な会議、手続は、一緒に参加して助けてくれた。会社更生の申立て後の債権者集会の前日に、同族の婿に当たる専務が責任を感じて自殺するという悲劇が起こり、債権者集会を延期すべきか開催すべきかを急遽判断する必要が生じた。私自身は延期すべきか悩んでいたが、先輩の弁護士の意見で予定通り債権者集会を開催し手続を進めた。テレビドラマを見るような劇的な場への臨場で、強く記憶に残っている。幸い、無事に更生手続は完了し、更生手続の開始から完了までを見届けることが出来、貴重な経験となった。この経験は、会社更生手続において、更生手続をとる会社の立場、債権者、スポンサーの立場での弁護士としての業務を行う時に役立ったのみならず、取引案件でも、破産、更生の場合に対応した取引条件の実務的な検討に役立つ等、色々な局面において役立つことになった。

訴訟案件も多く受任し、保険会社のための船舶等の仮差押え、強制執行事案での債務者事業所、社長居宅での執行立会、独禁法違反調査、審判での防御等々、企業法務で経験するあらゆる分野の案件に先輩と一緒に関与し、その後の弁護士としての活動の基礎となる実務知識を修得することができた。また、特殊案件として、右翼の大物の遺族間の相続を巡る紛争にも関与し、その世界、政治の世界、どろどろとした人間関係の織り成す争いの実態を知り、このような案件を弁護士として法律的に解決するノウハウを得たのも収穫であった。似たような経験をしたのは、少規模の任意整理案件で債権者代理人を務めた際である。当時組織暴力団系の整理屋が暗躍していた時代で、倒産会社の事実上の代理人として整理屋が取り仕切っている案件があった。この件では、関係者は整理屋を怖がって言いなりになっていたが、債権者団を代理して正常な手続に戻すための交渉をすることになった。先輩の助言で、整理屋は短期に資金を回収したいので長期戦を望まないと聞いたので、一定期間我慢して不当な要求に応ずることなく対応し最終的には整理屋を撃退したことがある。その後、大阪に最後の交渉に行った際に、ステーキ鉄板焼をご馳走になったことを思い出す。「あんたみたいなエリートの弁護士はわしらの仕事はやらんと思うが、もしよかったら手伝ってもらえれば」と言われ、仕事への勧誘であったことを知り、即座に断ったエピソードを思い出す。このような幅広い経験は、その後「国際弁護士」を選択した後にも、どのような状況にも対応できるという自信となった。

(3)　森綜合法律事務所の理念、運営の哲学

入所した事務所が当時どのような事務所であったかを紹介する（現在400名を超える法律事務所の弁護士数5、6名の時代の紹介でもある）。特筆したいのは、入所した法律事務所が当時の法曹界の「革命児」であったことである。メンバーは30台半ばの３名の弁護士（福田浩、本林徹、古曳正夫）が中核で、私の２期上の弁護士（久保利英明）、１期下の弁護士（飯田隆）という若手のみの構成。事務所の創始者の森良作弁護士は死去、事務所の先輩弁護士は全て独立済みということで、比較的大手の法律事務所を若手が維持、発展させるという使命を託されたという環境と、その使命を達成するために事務所運営に革新的な理念、手法を導入したことがその後の大発展の礎となった。その理念、事務所運営の原則、手法を以下に列挙する（この整理は、関係者と確

認したものではなく、私自身の経験に基づいた私見であることに留意頂きたい）。

① **所属弁護士は全て対等**

年齢、期を問わず弁護士は対等という理念のもとで協力して皆で案件に対応する

② **案件は個人の案件では無く、事務所の案件として皆で取り組む**

どの弁護士に依頼のあった案件も全て事務所全体で取り組む。報酬配分を受けない弁護士も合議参加、アドバイス提供、業務分担を引き受ける。クライアント開拓に必要な活動も自身に直接的利益があるか否かに拘わらず互いに全力でバックアップする。

③ **若手を前面に出し責任感、当事者意識を醸成する**

案件の主任を若手の弁護士に割り当て、書面のトップは期の原理では無く主任の若手弁護士とする等の若手重視の理念を実践していた。しばしば、同業者からは「下剋上」の長幼の序のない事務所と揶揄された。

④ **合議の尊重**

上記の理念を実践するものとして、重要案件、重要争点等の検討は全員参加で「合議」で衆知を集め、徹底的に議論するということが行われた

⑤ **Best for Clientsの理念**

指導原理として、クライアントのためにベストを尽くす

ということ、これにより業務の質を高め、クライアントの信頼を獲得するという理念を掲げていた。当時の弁護士の中には、クライアントへの最善の解決を図ることを優先せず、報酬を如何に楽をして高く取るかという手練手管を自慢したり、弁護士同士の貸し借りで案件を解決したり、相手方代理人、裁判官、当局等に配慮して徹底した対決を回避する等の風潮が一部にあったことへの批判でもあった。「物分かりの悪い」連中と言われていた。

⑥　**企業法務の改革**

企業法務を中核の業務とするというコンセンサスの下、企業法務の前向きの改革に情熱を持って取り組む。

⑦　**仕事を楽しむ**

同時に仕事を楽しく遂行するという理念が徹底されており、喧嘩腰の大議論の後、一緒に深夜でも飲みに行く、新年会、忘年会、新人歓迎会、ゴルフ会等を徹底してやる等、楽しい思い出が共有され一体感を生んで行くという好循環。

⑧　**個性の尊重**

上記の理念、原則は全体主義、軍隊式の規律につながる懸念があるが、個々のメンバーの個性を尊重するという理念が共有されていた。個性あふれるメンバーが自由に行動していたので、「梁山泊」、「森動物園」と呼ばれたこともある。

法律事務所の理念、志、運営原理、文化等は、法律事務所の発展の基礎、土台を作るものであり、このような当時の弁護士業界では奇跡的ともいえる革命的な理念を持った事務所で仕事をスタートできたことは、幸運であった。

以上の理念、原理が徹底され、「理想郷」状態は奇跡的に長期間存続したが、人数が増え、事務所として組織的な対応が必要とされるに伴い、理念と現実のギャップが生じてきた。私が事務所のパートナーを退任する直近の20年間、特に10年間が、そのギャップが拡大して理念と現実の調整を図るためのクリティカルな過渡期だったのかもしれない。

⑷　法律事務所の理念と収益配分の在り方

クライアントを事務所のクライアントとし、事務所全体で対応するという理念も、業務拡大のためには、個々の弁護士の業務開拓意欲を維持、刺激するための業務開拓へのインセンティブの付与が必要である。弁護士事務所での収益配分の一つのモデルである「ロックステップ」方式の収益配分は、業務開拓意欲を報酬の付与により刺激することではなく、チームプレーにより良い仕事をし、満足感を共有するという精神構造（これにより事務所の評価が上がり結果的にクライアントの拡大が図れる）を前提とするものである。他方、「パフォーマンス」（事務所の売上への貢献）重視の収益配分方式は売上を挙げるための事務所内での競争原理を梃として事務所の発展を目指す収益配分のモデルである。収益配分方式の相違は、法律事務所の発展の理念にも大きく影響を与える。森綜合法律事務所は当初は、「原始共産制」で、収益配分、費用負担はパートナー間で等分の分配という方針で運営していたと聞いている（ロックステップ方式をより徹底してシニオリティによる差異も反映しない純粋形）。その後、クライアント開拓のインセンティブとして、当該開拓したクラインドからの報酬の30％を開拓した弁護士に収益配分し、実働した弁護士にはその70％を配分するというルールを採用し、この配分率は相当期間継続した。その後は、その比率、配分ルールが変遷し、現在は欧米の大手事務所の採用するシニオリティに応じたロックステップ方式に一定のパフォーマンスの評価を加えた配分方式を検討中と聞いている。事務所の理念に純粋に適合した収益配分（費用負担）の方式は、ロックステップ方式であったかもしれないが、事務所発展の原動力となったのは、業務開拓、収益拡大に向けてのエネルギーでもあり、理念と競争原理が適度にバランス良く機能したのかもしれない。

以下では、個別の法律事務所の収益配分の在り方を離れて、法律事務所における収益配分の在り方につき、一般的、概括的に私見を述べる。

弁護士（パートナー）間での収益配分、費用負担の在り方は、事務所の経営において永遠の課題である。事務所経営の理念も、収益、費用の配分の方式次第で「画餅」になるので、慎重に、多くの経験を参考にして決めてゆくことが必要と考える。法律事務所の収入は基本的にクライアントから支払われる弁護士報酬であり、費用は、人件費（アソシエート弁護士への給与、スタッフの給与等）、事務所の賃料その他の経費である。弁護士報酬からなる収入より経費を差し引いた法律事務所の利益を「収益」として所属弁護士（パートナー）に配分するのが、「収益配分」である（この項では、会計用語を厳密に使うことより、イメージを把握するために各用語を用いている）。

一般化すると、ロックステップ方式は、シニオリティ（パートナーの年数）をベースに収益配分し、個々の弁護士のパフォーマンス（売上への貢献）を考慮しない方式で、パフォーマンス方式は、個々の弁護士の売上への貢献に応じて収益を配分する方式である。実際には、ロックステップ方式でも、事務所への貢献（売上、売上以外の貢献）を係数化して収益配分を行うことがあり、パフォーマンス方式でも売上以外の貢献を係数化して取り入れたり、パフォーマンスの比重を調整する例もある。また、パフォーマンスの評価においては、売上のうちで、クライアントの獲得、開拓に貢献した弁護士に配分する「オリジネートポーション」、実際に業務を行った（実働）弁護士に配分する「実働ポーション」、関与したアソシエートに割り当てるポーション等を配分ルールに則って決めることが多い。したがって、法律事務所ごとに配分ルールは異なっている。

一般的には、ロックステップ方式は、弁護士同士が協力して案件に適した弁護士のチームを作り、事務所として良い仕事をし事務所の収入を挙げて行くことで、同僚意識と達成感を満足させるという利点があると言われている。他方、クライアント開拓への直接的なインセンティブが無いことが、クライアント開拓への意欲を失わせるという欠点がある。また、他の弁護士より働き、クランアントの開拓をし、能力があると自負している弁護士にとっては不満が溜まり、パフォーマンスを高く評価する事務所へと移籍する起因となり、結果的に事務所の収益力が衰退する恐れも指摘されている。

他方、パフォーマンスを重視してパフォーマンス主体の収益配分が過剰になると、事務所内の弁護士間での競争が激しくなり、弁護士同士の協力より配分ルールに合わせて収益を上げるために自分のチームを作り、事務所としての最適のチームを組成することをしなくなるという弊害があると批判されることもある。この方式の良い面は、競争原理により弁護士同士が切磋琢磨することになり、能力が磨かれ、事務所の全体収益が向上するという点である。

収益配分の問題への適切な対応は、法律事務所にとっては難しい課題である。法律事務所は理念が最も大切なものであるが、理念と経済原理が齟齬を生むようになると、理念自体が空洞化し変容して行くことになる。このバランスを適切に取りながら法律事務所を運営､経営して行くことが事務所経営の大きな課題である。

以上の大手事務所の創立時の理念、運営の仕組み、課題の紹介は、若手の弁護士が事務所を選択する際に対象事務所を評価する際の一つの基準として参考になろう。また、経験を積んで自ら、または仲間を募って事務所を創設する際のモデルの検討の際に参考になると考える。また、事務所が成熟した後、創立の理念を維持しながら事務所を改革して行く上での参考にもなるであろう。

2　海外留学と法律事務所での勤務（1977年～1980年）

⑴　NYU School of Law（ニューヨーク大学ロースクール）での留学経験

留学は全てがゼロからの出発であった。当時は、海外案件は殆ど経験が無く、英語を業務で用いること、外国人との交流も殆どゼロ、海外の大学、その留学手続についての知識も殆ど無い状態であった。事務所の先輩もフルブライト奨学金の留学プログラムで留学しており一般的な留学手続の知識はなし、知り合いの先輩弁護士から情報を集め、手探りで手続を模索し、良く知られているアイビーリーグのロースクールを幾つか選んで申し込みをした。入学へ向けてのノウハウもなく、推薦状の書き方、申し込み書面の記入も自己流で、申し込みの時期も適切ではなかったと思う。後日、一般的な対応の仕方を知り、無知のままの対応でよく留学先が決まったなと振り返っている。結局、3校程度「名門校」に申し込んだものの、合格通知が来ない状態であった。時機を失したのかと悩んでいたところ、知り合いの先輩弁護士に遅い時期でも受け付ける良い大学があると示唆されて、ニューヨーク所在の私立ニューヨーク大学（NYU）ロースクールのLL.M（マスターコース）に申し込み、入学許可を得ることが出来た。ニューヨークには州立と市立のニューヨーク大学があり、各々SUNY、CUNYと略称されていた。それらの学校と混同されないようエ

NYU ロースクール正門前で子供と（1977 年）

ヌ・ワイ・ユー（NYU）と一般的には呼ばれていた。

ニューヨークは海外で生活する初めての都市で全く土地勘が無く、大学の寮に入れば良いだろうと思っていた。ところが、実際に大学を訪問して、学校はワシントンスクエアーというマンハッタン島の南の方の街中の公園の周辺にあることが分かった。当時のニューヨーク、特にマンハッタン地区は最も治安の悪い時期で、家族（妻と子供２人）が安心して居住できないのではと恐怖感を感じ、寮での生活には躊躇した。先輩の親切な日本人弁護

スカースデール駅前の閑静な広場（2016年）

士（後に大阪で大江橋法律事務所を創設した石川正弁護士）が、週末に郊外のアパートメントの見学のため自ら車を運転して案内してくれ、比較したうえでスカースデールという閑静な高級住宅地にある落ち着いたアパートメントを選択した。毎日40分から50分かけて学校に列車で通学する生活が始まった。スカースデールは、マンハッタンの街中の雰囲気とは別世界の、おとぎ話に登場するような街並みが印象的であった。

上記写真（56頁）は、NYUロースクールの正門前で留学当初に子供と一緒に撮影したものである。簡素であり、都会の中の学校の雰囲気を感じる。上記写真（57頁）は、留学、研修当時に通学、通勤に用いた鉄道の駅（スカースデール駅）の駅前広場で撮ったもので、30年振りに再訪したときに撮影した。当時と全く変わらない風景、街並みは、絵本の挿絵の中から抜け出たかのような優雅さを維持していた。後日、偶々日本の書店で見たアメリカの絵本（翻訳版）で、可愛らしい女の子が「おばあちゃんはスカースデールに住んでいる。森の中の妖精が住んでいるようなお家」と紹介しているのを読み、その通りと相槌を打ったことを思い出す。残念ながら貧乏な留学生で、居住していたのは駅前広場の裏側のアパートメントの小部屋（当時の日本の高級マンションよりは立派であった）で、将来は駅の反対側の高級住宅（プライベートハウス）にあるような家に住みたいと夢を持った。

留学してから知ったのだが、NYU ロースクールには留学生専用の M.C.J. というマスターコースがあり、これ以外の一般のマスターコースの留学生は、専門性の高い授業科目からのみ科目を選択するようになっており、会社法、民法、訴訟法、刑法という JD（米国のロースクールの通常コース）の学生がとるような基礎科目は選択不可であった。また、突然、「今年から留学生はイントロダクションのコースを取ることを義務付けることになった」と通告され（留学期間が自動的に半年以上延びる）驚き、イントロダクションのコースの期間短縮の交渉を学校の事務スタッフと激しくやり取りして半分の期間の延長で済むように変えてもらった。この事務スタッフのヘッドの女性は、英語も下手な日本という後進国から来た留学生がロースクールの単位をとり、特に JD の学生がとるような授業を理解できるとは思っていない様子で、科目の選択、特に JD の授業科目をとりたいとの要求には全て「ノー」という厳しさ。入学後暫くは、この学校のスタッフの

事務所にてセクストン元学長（右から２人目）、コーエン教授（向かって左）、
本林徹弁護士（左から２人目）、筆者（右）（1990 年頃）

杓子定規の頑固さに対する嫌悪感、拒否反応が残り、愛校心は抱けなかった。その後、優秀でかつ親切な教師陣に接し、アメリカ流のクールな事務処理への対応は自分で乗り越える試練と考えるようになり、NYU ロースクールの良さを次第に認識するに至った。さらに、卒業後に、NYU ロースクールの名物学長として実績をあげ、後に NYU 全体の総長となるセクストン学長（当時）がアジア法の権威者のコーエン教授と来日し、集まった卒業生有志に対し日本に NYU の同窓会を創設すべしと熱心に説いた。卒業生は母校を愛し、母校に恩返しをすべきとの卒業生を鼓舞するスピーチであり、その結果 NYU ロースクールの卒業生の同窓会が発足し（2001 年 10 月 1 日）、私が会長に就任し、現在まで

会長を続けている。

因みに、このセクストン学長の下でNYUロースクールは、有名教授を他の有名ロースクールから引き抜き、施設を大改造し（ニューヨーク市マンハッタンの地上は増築の余地がないので地下に豪華な施設を大増築）、優秀な生徒を集めるため選抜の方法を改革する等の強力な改革努力を続け、ロースクールのランキングを掲載する著名な雑誌で、ニューヨークにおいて最も高い評価を受けているコロンビア大学ロースクールと肩を並べてランクされるトップクラスのロースクールに成長していった。同窓生としては誇りに思い、セクストン学長の尽力に対して心から敬意を表する。また、セクストン学長は大学の聖職者のコースで勉学したこともあってか、大学への寄付集めに稀有の才能を有し、それを発揮した。象徴的なエピソードを紹介する。私の親しいニューヨークの弁護士が飛行機で来日した際のことで、彼から聞いた話である。成田行きの航空機で隣の座席にいかにも学者風の男性が搭乗しており、出発して暫くしたら「弁護士ですか」と話しかけてきた。「YES」と答えたら、「やはり、ところでロースクールは」と聞かれ「NYU」と答えたとのこと。その後は、到着まで諸々のNYUでの改革の話を聞かされ、着陸し別れる間際に「母校のNYUに貢献したくないか」と言われ、金縛りにあったように「OK」と反応し、ニューヨークに戻った後に大学からの寄付依頼の通知があり寄付の小切手をNYUに送付する羽目になったとのことである。彼は、「これまでで最も高くついたフライトだった」（ジョーク）と苦笑しながら話していた。

NYUロースクールの日本の同窓会会長として、セクストン学長始め、NYUの教授、後継の新学長に親しく付き合わせてもらい、母校との交流に貢献する機会を持てたことは名誉であり、貴重な経験となった。また、国際的に弁護士として活躍する意欲、自信を深めることにも役立った。グローバルな活躍を期する留学生は、母校に恩返しをするためにも同窓会等の母校に貢献する活動に積極的に参加して欲しい。

参考のために、NYUロースクール同窓会の説明をする。会員は、NYUロースクールの卒業生（日本人、日本在住の外国人卒業生、ビジティングスカラーを含む）で、現在の会員数は約500名である。正式名称はロースクールのある地名に因んで、Washington Square Club of Japan（略称“WSCJ”）とし、現会長は私、元住友商事の齊藤直樹氏が副会長を務めている。大学と協力して、新規入学者の歓迎会を兼ねた懇親会、学長の来日等の折に同窓会の会合、レセプション等を開催している。

さて、前に述べたように、NYUロースクールは講義科目の選択に関しては厳格であり、その当時は好印象が無かったものの、専門性の高い科目の授業を受けたこと、厳しい環境で留学生として甘やかされずに生き抜いたことが、その後の弁護士としての活動に大いに役に立った。例えば、EU独禁法のゼミは、EU法の最先端の法務を取り扱い、ニューヨークの大手法律事務所のパートナーであるEU法実務の経験豊富な弁護士が担当していたこともあり、帰国後に実務で即効的に役立った。また、大学当局との諸々の交渉を経験することで、米国流の、目的達成のためには英語力だけではなく強く交渉する気力、根性が大事なことも学べた。

留学の成果は、英語の法律文書を速読で理解する力、英語の法律用語、英語により法的論理の展開をする能力を取得できたこと、英語で法律の議論ができる基礎能力を身につけることができたこと、海外の知人を得たこと等、その後国際的な企業法務に従事する際の大きな武器となった。

現在は、私の留学当時から40年近く時間が経過しているが、留学のための推薦状を書く際の留学希望者へのインタビュー、帰国した留学生から話を聞く限りでは、日本人の留学生が多数になったこと、日本の経済力が強くなり日本を後進国とみられることは無くなったこと、生活費等が潤沢になったこと等を除くと、基本的に大きな変化は無いように思われる。今後の留学志望者への希望としては、グローバルに活躍するために必須の言語能力については、我々の時代の「英語を覚える」というレベルではなく、英語でネイティブのスピーカーと対等に会話し議論の出来るレベルを目指してもらいたい。日本の英語教育の問題が根底にありその改革が必要ではあるものの、日本人が海外に留学するようになって50年以上経ち、日本からの留学生の英語力が格段の進歩をしていないということは、大きな問題であると考える。また、個人的にも、留学から40年余を経て振り返ると、留学当時にそのような意識を持たないで過ごしたことを深く反省している。

また、留学で学ぶ学科も、当初NYUで不満を持った当時とは異なる意見を持つようになっている。ロースクールの修士コースで学ぶのであれば、基礎的学科では無く、専門性の高い、先端分野の科目を選択すべきと考える。NYU でも国際税務、通商法等の専門コースがあり、米国の国際水準の法律実務をベースとした授業は実務に戻った際は大いに役に立つはずである。米国で司法試験に合格するためには基礎学科を学ぶ必要があるのではという意見もあろうが、私は、NYU で専門科目のみしか取れなかったので基礎学科の学習は司法試験のための準備コースで数週間学習したのみの知識で臨んだが、米国（ニューヨーク州）の司法試験に合格できた。米国のロースクールの通常コース（JD）は、双方向的な授業により法的な思考能力、創造性を鍛えるための授業が中心で、日本の法学部、ロースクールの授業を終了した学生、実務で法律を活用した経験があれば、改めて JD で学ぶ基礎科目を多くの時間をかけて学習する必要性はないと考える。むしろ、専門分野の実務的な科目を学ぶことにより、実務的な法律の知識を身に着ける方が留学後の実務での飛躍につながる。

さらに、我々の留学の頃には、海外の生活に慣れる、米国人との付き合い方に慣れる、知人、友人をゼロからつくる等の初歩的な海外対応に相当な努力を要したが、現在の留学生にとっては、このような初歩的障害は留学前に既に克服されているはずである。今後の留学生には、学内でのネットワーキング、学外の専門家（弁護士等）との交流等の、学生としての留学とは異なる実務家としての留学という意識を持ち、そのための積極的な活動を展開することを期待している。

(2)　米国司法試験へのチャレンジ

米国司法試験は、法曹資格が州毎に与えられる州単位の試験である。ニューヨーク州の試験は他の州の司法試験に比べて合格が最も難しい試験だと言われている。それでも、当時の日本の司法試験に比較すると雲泥の差で、当時のニューヨーク州の司法試験の合格率は70％程度であったと記憶している（日本の司法試験の当時の合格率は数％）。もっとも、米国ではロースクールを卒業することが難しく、卒業できた以上は原則的に資格を与えるという制度設計である。米国の制度設計は合理性が要請されるので、高額の学費と時間を費やしてロースクールを卒業したにも関わらず弁護士資格が与えられないのは不合理であるとの発想で、司法試験はロースクールを卒業できるレベルがあれば合格できる資格試験として設計し、その結果合格率は高くなるという制度となっている。余談であるが、日本のロースクールと司法試験の制度設計は、米国と対比すると出発点が誤っていたのではないかと思う。

米国の司法試験を日本からの留学生が受験するには、当時は、日本において米国のロースクールと同等の学校を卒業していることが要件とされていた。当時のニューヨーク州の受験資格に関する規則では、卒業した日本の大学の法学部が米国のロースクールと同等の教育機関であるとの証明書を提出することで、条件をクリアーして受験が出来ることになっていた（外国人、非居住者については州により受験資格の要件が異なり、時代によっても要件が変わっている)。

当時の日本からのロースクールへの留学生の一般的認識では、日本人が試験を通るにはJD（通常の法学士）のコースで３年間学び、ネイティブに近い英語力を身につけなければ合格は無理であろうとの認識であり、日本の留学生が一般的に選択する原則１年間のロースクールのLL.M（法学修士）での学習のみでは合格は無理と考えられていた。また、留学中の勉学で疲れた上に、さらに勉強してチャレンジすることは、特に日本の弁護士資格を有している留学生にとっては日本の資格があればプラクティスに十分でもあり、考慮すらしなかったというのが実情であった。ところが、私と修習同期で個性の強いチャレンジ精神のある弁護士が「やってみよう」と同期の弁護士等に声を掛けたことで門が開かれた。私よりも１年早く留学していた弁護士４名が 1978 年に受験にチャレンジして合格した。「コロンブスの卵」の例えのように、LL.M コースへの留学のみでは合格は無理だという思い込みが崩れた。

私は、彼らと違い NYU の卒業までの期間が他のロースクールより長期化されたこと、留学開始時期が遅かったこともあり、同時には受験できず、翌年の２月の「追試験」(前年の春の正規の本試験に落ちた受験生等のための二次試験）にチャレンジすることになった。ほぼ、彼等並みの正答率と自己評価をし、当然合格かと思っていたのが不合格で（おそらく、二次試験は合格点が厳しかったのではと推測しているが)、ショックを受けた。しかしながら、そのおかげで、米国の司法試験制度の公平性、フェアさが分かり感銘を受けるという貴重な機会を得ることが出来た。司法試験の不合格者は、州の最高裁判所の特別室で、模範答案と、採点のポイント配分表、及び自分自身の答案を対比して閲覧する機会が与えられており、採点に異議があれば異議申立てができることになっていた。ニューヨーク州の最高裁判所のあるニューヨーク州の首都のアルバニーまで2時間強ドライブし、特別室でこれらの資料の閲覧をして、僅差で不合格であったことを確認し、その理由も納得し帰路についた。何故か、帰途のドライブは清々しい気持ちであった。米国の公開性、透明性、公平性、フェアネスを尊重したシステムに感銘を受けたことが一因かと回想している（当時の日本の司法、行政手続の閉鎖性、隠蔽性に思い至り米国の先進性、成功の秘訣を納得した気持であった）。

その後に次年度（1979年春）の本試験を受験する機会が巡って来た。既にニューヨークの法律事務所での勤務を開始していたこともあり悩んだが、海外の経験（法律事務所での勤務）のチャンスを試験勉強で犠牲にしないよう、一定の期間（2週間）に限定して法律事務所の休暇をとり、その許された時間の範囲で勉強して再トライすることにし、結果としては首尾よく米国の司法試験に合格した（ニューヨーク州弁護士登録は翌年6月）。

ニューヨーク州の司法試験に合格することの意義は、米国資格を有していることが米国を含む海外で評価を受けること、米国で米国弁護士として業務に従事できること、プリビレッジ（弁護士・依頼者秘匿特権）等を利用する場合に米国資格が役立つことに加え、受験勉強により米国法を体系的に勉強する機会を持てることである。ロースクールは、思考力（特に創造的な思考力）、議論をする能力を育成する教育の場なので、法律を体系的に理解し、概括的、一般的に標準的な米国法を理解し、習得する機会は必ずしも与えられない。その知識、合格能力を取得するには、ロースクールを優等で卒業した米国人ですら司法試験受験のためのコース（日本の短期の学習塾と似ているBARBRI等と称するコースで、4、5週間程度のもの）に通わないと合格が出来ないと言われていた。特に、NYUのLL.Mコースは専門性のある科目以外は、原則受講できないので、司法試験受験科目の勉強はロースクールでは皆無ということもあり、このコースでの学習のみで司法試験にチャレンジしなければならないという大きなハンディがあったが、その受験コースの受講のみによる学習で合格できた（この結果から判断すると、日本の法学教育で法的思考能力が完成していた故の合格で、日本の法学教育の試験合格能力育成の観点での素晴らしさを再評価することになった）。

当時から、40年超の時が経ち、近時はロースクールに留学すると米国の司法試験を受験し、米国での弁護士資格を取得することが一般的になってきている。ただ、最初にチャレンジをした日本人が居なければ、この状況が定着するのは相当に遅れていたかもしれず、我々は新しい地平を開いたと自負している。今後留学する若い世代の法律家には、米国弁護士資格取得以上の不可能視されていることにチャレンジして活躍の場を広げて欲しい。

⑶　米国法律事務所での経験

米国の法律事務所での勤務（米国弁護士資格がないと研修のビザであり、米国弁護士資格があってもビザ上は研修という名目での勤務）は、私の所属していた法律事務所が海外法律事務所との付き合いが殆ど無かったので、ゼロからのスタートの法律事務所探しから始まった。

事務所の先輩弁護士から、こんな事務所があるから面接を受けてはという示唆をもらい、マンハッタンのど真ん中のロックフェラーセンターに事務所を構えるDLN & I（Donovan Leisure Newton & Irvine）という法律事務所に向かった（69頁写真）。ビルは巨大な摩天楼で、クリスマスになるとそのビルの前の広場で巨大なクリスマスツリーが飾られる名所でもある。事務所の入口を通り中に入ると、レセプションが当時の日本で所属していた法律事務所全体の数倍の規模の広さで、豪華な内装に圧倒された。当時ニューヨークのトップ５にランクされる法律事務所で、独禁法の分野に強く、大企業の優良クライアントを多く持つ名門事務所であった。また、収益力の極めて高い、豊かさを感じさせる超一流法律事務所であった。

採用担当の弁護士が、フランスに留学し国際的な業務を専門とする弁護士で、外国語での苦労、異国での苦労に共感を持ってくれる弁護士であったのが幸いしたのか、同事務所の初めての東洋人弁護士として採用された。採用担当の弁護士にはその後公私ともに大変お世話になった。

クリスマスツリーとロックフェラーセンター（1979 年）

この事務所での経験は、個々の業務への関与で得た収穫よりも、日本の将来（数十年先）の法律事務所の在り方、将来の業務の在り方、将来の弁護士像のモデルを見たということが最大の収穫であった。タイムマシーンを使いタイムスリップ（タイムトリップ）して、日本の弁護士、法律事務所の遠い未来を先に経験したかのような強烈な感覚である。当時（1979 年から 1980 年頃）の DLN & I は、弁護士数が 200 名前後で、私の所属していた法律事務所がその規模になったのは、2010 年頃なので、規模的には日本より30年先行していたことになる。この米国での経験は、時間として30年近くの未来へのタイムトラベルをしたことだったのかもしれない。

規模（当時200名の弁護士）、広大な図書室、豪華なパートナーの個室、会議室、組織力、米国社会での高い評価、優秀な弁護士、国際性、先端的な法律問題、案件への関与等、将来の日本の法律事務所、弁護士の目標を目の前に提示され、夢を現実として体験し、目標を直接的にイメージすることが出来た。

また、2か月勤務期間を延長してもらい、ロサンゼルスに新設した同法律事務所の支店での業務経験ができたことは、米国の西海岸を知ることもできて有難かった。車で同僚と一緒にランチに出かける等の楽しみがあった。また、ニューヨークと異なり西海岸の弁護士は余裕のある仕事ぶりで、事務所がアレンジした郊外の広大なプライベートハウスに住むことができ、贅沢な「西海岸ライフ」で生活をエンジョイできた。その家は、600坪の面積のゴルフ場のフェアウェイのような芝を張った敷地に、ゆったりとした平屋建てという豪邸で、毎週メキシコ人の職人が芝刈りに来ていた。日本企業の法務担当者を家に招待したところ、彼が立派な子供部屋と勘違いしたのが実は犬小屋で、驚いていた。何故、このような家をアレンジされたのかは不明であったが、後日、同じ事務所で研修をしていたドイツ人弁護士が事務所のマネジメント担当パートナーに「Mr. Uchidaは日本の超有名な弁護士である」とささやいたことが原因ということが判明した。欧米の先進国の若手弁護士は、米国の先進性に圧倒されず、それを上回る知恵を駆使して生き抜いていること、アメリカ人は人が良く騙されやすいことが分かり教訓となった。また、事務所のシニアの有名な弁護士が家族を大事にする人で、豪華な個室に、一連の家族のフレーム入り写真（スキー場で並んで撮影した写真、毎年子供の身長が伸びて成長して行くことが分かる）をデスクの上に並べていたのを見て、家族との絆の強さを見習わなければと思った。ただ、その後離婚をしたと聞き驚き、さらに噂ではアソシエートであった弁護士との不倫が原因と聞き、「これがアメリカなのだ」と嘆息。

一流の法律事務所の贅沢さには、事務所全体で行われた行事でも驚かされた。夏に、ニューヨーク市郊外の、ゴルフ場、テニスコート、プール、専用海水浴場、レストラン等を完備したプライベートクラブを貸し切り、事務所全員（500名前後）でビーチでのマリーンスポーツ、ゴルフのプレー、レセプション等を楽しむという企画である。豪華な食事、素晴らしいワイン、ウィスキー、ブランディー等を嗜んで、米国トップクラスの法律事務所の力を見せつけられた。

優雅、豪奢な事務所生活を送ったが、他方で、米国の競争社会、法の支配の厳しさを強く認識させる出来事にも遭遇した。この出来事により、米国で法律事務所が生き残るためには、法の順守、法曹倫理の順守が必須のものであることを痛感させられた。その出来事は、同法律事務所からの「現在報道されている出来事は事務所が適切に対応しているので安心して就職に備えて欲しい」というレターで知らされた。その「出来事」は、私が同法律事務所での勤務を開始する直前に起こった。同事務所はイーストマン・コダック社を代理してバーキィ社から提訴された独禁法違反を理由とする巨額の損害賠償請求訴訟の弁護をしていた。その件に絡み、同事務所のパートナーがディスカバリーにおいて提出すべき文書を提出しなかったこと、また、その経緯につき偽証をしたとの嫌疑を受けて調査されているというものであった。その嫌疑については、記憶では私の勤務中には結論が出ず、それほどインパクトがある出来事であるとの認識が無かった。その後、弁護士倫理違反、偽証等で大きく報道され、コダック社が控訴審で他の法律事務所に代理人をスイッチしたことも含め大きな影響があったようである。この事件の後、ウェスティングハウス社のウラニューム・カルテルにかかる独禁法関連の大型事件等を受任することで持ち直したものの、新規案件の受任が減少し、同事務所は数年間存続したが、1990年代に最終的には解散に至った。解散当時は弁護士数も60名程度に減少し、法律事務所の大規模化の流れに乗れなかったことが衰退の原因であったと報道されている。

教訓は、歴史のある名門法律事務所も簡単に破綻、解散の事態に至ること、弁護士倫理を遵守することの重要性、成功に安住せず常に開拓者精神を持たなければならないこと、時代に合わせた専門分野の開拓の必要性等で、日本に帰国後の事務所経営、弁護士業務の展開において良い教訓になった。業務開拓の観点で記憶に残っているのは、新人アソシエートと同じ扱いであったので私あてに送付されてきた、新人アソシエート向けに配布されたノーティスである。そこには、「当事務所のアソシエートは与えられた仕事に注力すべきこと、当事務所は多数の優良クライアントに恵まれ案件が多数あるので業務開拓の必要はないこと」等が記載されていた。与えられた仕事をこなし業務開拓のような余計な仕事はするなという指示で、若手弁護士は目の前の仕事をこなし、新規分野、クライアント開拓の仕事はしなくて良いという趣旨で、安心感を与えると同時に、弁護士、法律事務所の将来の発展、危機対応には逆の効果になっていたのではと思う。特に、同事務所は独禁法案件がメインの収益源で、優良な大企業をクライアントに有することで、多大な報酬を得ていたと報じられている。このビジネスモデルに固執し、不祥事による収益減に有効な対応策がとられなかったのではないかと推察している。このような出来事が、“タイムスリップ”して日本の大規模事務所の将来に起きないことを願っている。

当時は、日本の弁護士を研修目的で採用する米国の法律事務所は極めて少なかった。中規模事務所で日本のクライアントを持つ法律事務所が例外的に提携関係のある日本の法律事務所からの弁護士を採用することがあるというレベルであった。日本企業自体が、ニューヨークの大手法律事務所に案件を依頼することも少なく、大手事務所も日本企業には関心があまり無いという時代であった。その状況で、ニューヨークのトップクラスの法律事務所で研修をできたことは幸運であった。

現在は、米国のトップクラスの法律事務所も日本企業を優良クライアントとして扱っており、日本の弁護士の研修受け入れに積極的になっている。他方、留学後の研修を希望する弁護士が大幅に増加していることもあり、研修機会を得ることは難しくなってもいる。このような時代において米国法律事務所での研修の意義を考える。我々の時代に比して、法律事務所の規模、扱う分野の広範さ、専門性等については、日本の大手法律事務所は遜色ないこともあり、米国法律事務所との格差に驚き、夢として見ることはなくなっている。ただ、大規模案件に取り組む体制、ディスカバリー、デュー・デリジェンス等への対応、新規プラクティス分野の開拓努力等については学ぶところがあり、その視点での将来モデルを実地に体験する価値はあると考える。

なお、法律事務所の規模感、外観に関しては、数年前にニューヨークに出張した際に、40年前に住んでいたアパートメント、勤務したロックフェラーセンタービル等の懐かしい場所を訪れた際に感じた印象を述べると、外観は全く変わっておらず40年前と全く同じということで、逆に40年前の米国にタイムトリップをしたような気分であった。その意味で、規模感、外観は、全て一回り小さいということを除けば、東京に関しては、40年間でほぼ追いついたという印象である。また、法律事務所の中身についても、規模の差を除けば可視化可能な射程範囲内の差異になっていると感じる。

ただ、相変わらず感じる差異は、米国のリーガルマーケットの巨大さと活力、リーガルマターの社会、経済に与えるインパクトの大きさである。若い世代の法律家は、研修をする場合は、このような点を学び、日本のリーガルマーケットの拡充の将来戦略を練ってきて欲しい。

第5章

米国から帰国後の事務所の発展と国際化

1　米国からの帰国――「浦島太郎」として

森綜合法律事務所は、1973年の入所当時弁護士5名、その後2名人数が増え、帰国の際（1980年）のメンバーは弁護士9名程度の規模であった。海外生活3年弱の間に弁護士が1名増えただけという状況で、米国法律事務所の規模、進化のスピードに比較して雲泥の差であった。3年弱の米国滞在中は、現在と異なり渡航費負担が大きかったこともあり、一度も日本に帰国しておらず、米国での華やかな弁護士生活からの帰還は「浦島太郎」のような気分であった。

帰国後、海外で獲得した知識、能力を活用して国際的な案件に取り組もうと意気込んでいたが、基本的に国際案件の件数は少なく、留学経験のある弁護士数も私プラス先輩弁護士1人、英文タイプ等国際案件を処理する事務所の体制は無く、国際案件を常時依頼するクライアントも無しという状況で、留学、海外研修の成果を活かす環境ではなく、それ以前と同様の国内の仕事を「浦島太郎」状態でこなすことになった。積極的な業務開拓を試みようと考えたが、従来海外案件を担当した経験が無くその手法のアイデアが湧いてこないために苦慮していた。他の渉外法律事務所への転身も考えたが所属事務所に代わる適切な事務所も思い浮かばず、思い悩む時期を過ごした。

2 「アメリカ型」の「法化」企業との出会い

この期間に、日本の化学製品の企業から、ニューヨーク滞在中に知り合った同社の駐在員の紹介により重要な案件の依頼を受けるようになったことが救いであった。同社は、日本のメーカーには珍しくトップの会長が法律問題に強い関心を持ち、法務に優秀な人材を集め、法務の出身者が経営の中枢のポジションに抜擢されるという日本企業には珍しい法務重視の企業であった。新規事業のビジネスモデルを作るときも法律で武装して他の追随を許さないようにするというような戦略を、法務が関与して決定して行くという、今思い出すと「アメリカ型」の「法化」した企業の嚆矢であった。そのため、法務部門はトップから複雑で難しい問題の相談を受け瞬時に回答をすることを期待されていた。その法務部門の部長から突然電話が来て弁護士の意見を求められ、私は即時に回答を要求されることになった。この臨戦態勢の相談を通して、海外訴訟、海外取引、独禁法、先端分野の法律等に関しての企業の問題意識を知り、実務に即した適切なアドバイスを迅速に提供する能力を高めることが出来た。企業トップの問題意識に直結したアドバイスをする訓練が出来たことを有難く思っている。その企業の国内独禁法案件（カルテル規制、流通に絡む規制等）、海外訴訟対応等で弁護士としての役割を果たして行くことで経験を積むことが出来た。若手弁護士は、弁護士の「メンター」として弁護士を鍛えてくれるクライアントを大事にして、報酬等への短期的志向を離れ、緊密な関係を構築することが将来の飛躍のための糧となることを認識しておくべきである。このクライアントには、クライアントと弁護士との付き合い方に関しても多くを学ばせていただいた。仕事の後の会食、役員クラスの会社幹部を交えたゴルフ、年末の麻雀大会等、楽しい時間を共有できた。

3 「IBM 産業スパイ」事件――事業の存亡を賭ける国際案件

その後、私にとって「救世主」ともいえる国際性を有する大きな案件を事務所が受任することになった。後に詳述する「IBM 産業スパイ」として報道された事件（以下「IBM 事件」）である。日本企業を代理し、受任から約 2 年間、他の仕事を一切せずに毎日 24 時間体制で同案件をフルタイムで担当した。事務所の体制は、国内対応もあったので国内案件を担当する弁護士、新人で同様にフルタイム対応の弁護士、メインの海外担当は先輩の弁護士と私である。重大な局面は先輩弁護士が対応することになっていたが、案件の規模、迅速対応の必要から、私が実務部隊の中心となり「全てを知り、24 時間体制で働く弁護士」として対応した。案件の国際性から、クライアントの法務担当のトップが動き、渉外弁護士として高名な弁護士が共同リードカウンセルとして選任された。同弁護士の法律事務所にも若手の「渉外弁護士」がいたが、次第にフルタイムの私が全てを担当することになった。同弁護士からは薫陶を受けた。褒められたのか、皮肉かは分からないが、「君は適度の嫉妬心を持っているのが偉い」と言われ、趣旨は良く理解できなかったが褒められたこと、ウィスキーを飲むとき氷を１個グラスに入れ、直ぐに取りだして飲むという「英国流」の嗜みを教えられたこと等を思い出す。情熱を持って案件にあたり、愛情を持って人に接する同弁護士に教えられることが多かった。この案件に関与できたことで、国際案件（特に紛争案件）対応についての最先端の実務の修得、海外トップクラスの弁護士との人脈の開拓、ネットワークの構築、クライアントとの信頼関係の確立が出来て、以後の国際業務の開拓、展開が可能になったこともあり、この案件に弁護士として遭遇したことを有難く思っている。

４　事務所の国際業務の拡充と発展

その後、事務所の国際業務の拡充と発展は、内部弁護士の留学、海外法律事務所での研修による国際法務人材の育成、他事務所からの渉外案件の経験ある弁護士の採用、国際案件をハンドルできる補助スタッフの採用、海外法律事務所とのネットワークの構築、国際案件での認知度、評価を高めるためのセミナー、講演会、国際法曹団体（IPBA、IBA、ABA、ローエイシア等）への積極的な参加、法律雑誌への寄稿等のプロモーション活動を行うことにより進められた。中、長期的視点での多方面の活動の相乗効果、蓄積が功を奏し、事務所は、国際案件でも「渉外事務所」に対抗できる法律事務所としての実力、評価を築くことになっ

北京事務所開設を祝う北京での懇親会（筆者－右から２人目）（1997 年）

た。また、この間にキャピタルマーケット、金融分野で定評のある濱田松本法律事務所との統合があり（2002 年）、相互補完により総合的に国際企業法務サービスを提供できる総合法律事務所としての体制を充実して行った。

このような成果を挙げるについては、中途で入所した弁護士が事務所の理念、志、運営方針に共感を抱きこれらを共有したこと、他の事務所での経験に基づく多様性を持たらしたことが大きく貢献している。その弁護士はそれぞれ、多くの業務分野で事務所のリーダーとなっている。

さらに、森綜合法律事務所が国際化を目指し、奇跡的とも言える成功を収めたのは、事務所で「国際案件」を担当していない「国内弁護士」が、国際弁護士よりも危機意識をもち、積極的に

懇親会場にて事務所の弁護士、懇親会参加者と（筆者－左から４人目）（1997 年）

事務所の国際化の推進に協力したことである。その一例として、事務所が北京に進出した際の事務所としての対応を紹介したい。北京事務所の開設は、1998 年４月である。従来中国政府は、日本の大手法律事務所には事業免許を与えない方針を取っていたのが、政策を変更して大手事務所にも許可を与えるように方針転換をした。事務所は、その対象になった。これには、海外留学、研修から帰国し大阪の法律事務所を辞めて森綜合法律事務所に参加した射手矢好雄弁護士の、中国法務を拡大するべきとの決断が大きなバネになった。ただ、その決断を、事務所の国際業務を担当していた弁護士のみならず、国内業務中心の弁護士も全面的にサポートしたことが事務所の総力を挙げての取組となり、大きな力となった。正式開設の前年に行われた北京での事務所開設の式

北京事務所開設式典後に万里の長城にて
（左から山岸良太弁護士、久保利英明弁護士、射手矢好雄弁護士、筆者）（1997年）

典、セミナー、関係者を招いての懇親会にはほぼ全ての弁護士が参加し、事務所を挙げてサポートする姿勢（気勢）を示したことが、その後の中国法務の発展に大いに寄与した。当時の中国は現在と異なり、外貨獲得のために国の代表的な施設を日本企業等に有料で貸与していた。人民大会堂を借りてレセプションを開催し、国賓用の迎賓館である釣魚台を借りて賓客を持てなす等の接待を行った。我々も感激したが、招待した方々も同様の感を持った様子であった。写真（82頁、83頁）は、その懇親会の様子と、翌日射手矢弁護士の慰労のために有志で万里の長城を訪問した際のものである。万里の長城を巡りながら、日本の弁護士が世界に羽ばたき世界を舞台に活躍する夢を描いた瞬間である。

本筋から離れて、釣魚台での国賓級の接待の感激の「ひと時」につき一言。

広大な敷地は、使用している迎賓館の建物以外は暗闇のなかでひっそりとしていた。参加者が、「昼に時間が無くてショッピングが出来なかった」と雑談をしていたところ、担当者が「いつでもショッピングは出来ますよ」と我々を暗闇に案内してくれた。何と､近付くと明かりが一斉に点灯して「ショッピングセンター」が忽然として目の前に現れた。また、突然クレジットカードの読取器と店舗のキイを持った係官が駆けつけて来て、広大なショッピングエリアを案内し、あらゆる種類のお土産から高級な美術品まで買物とウィンドウショッピングを堪能できた。おそらく、この時代、このミッションでの中国訪問が呼び込んだ奇跡としか言えない経験であった。国際弁護士として国賓並みの経験を出来た感激を今でも鮮明に覚えている。

「国際化」による日本の法律事務所の発展は、米国、欧州における大規模法律事務所をモデルとしてなされた。その原動力は、第１に、企業活動が国際化、グローバル化して日本企業の海外での活動が拡大したことによる日本の法律事務所に対する国際的な法律業務の需要の増加である。この需要は、海外企業の日本に関係する法律問題への対処の必要性から生じる日本の法律事務所に対する需要の増加を含んでいる。第２に、日本国内の企業法務が、国際標準に従い、国際水準の質をもって対応する方向に変容していったことが大きな原動力となった。従来は、日本の法律事務所が扱う国際法務は、海外企業への日本法務支援、日本企業への海外法務支援が中心であり、伝統的に「渉外法律事務所」と呼ばれる法律事務所が担っていた。ただ、このような法律業務は日本の法律市場においては主流ではなく、「特殊分野」の法律業務であった。しかしながら、国内法律業務が上記のように「国際化」すること（国内法律業務の渉外化、国際化と名付ける）に対応して、日本の一部の渉外法律事務所は国内案件、特に国内大型案件を受任することで急拡大をするようになった（「渉外法律事務所の国内化」と名付ける）。日本の法律事務所で現在４大ないし５大事務所と呼ばれる法律事務所は、森・濱田松本法律事務所を除くと全て出自は「渉外法律事務所」である。この中で、例外的に国内法務中心の法律事務所であった森綜合法律事務所は、国内法務を出発点としながら国際化を図り、伝統的な国際法務対応能力を磨くとともに「国際化」した国内法律業務に対応する能力を獲得したことで、他の法律事務所に対抗して大手法律事務所の一つとして発展することになった。

以上のように、国際化をバネとして事務所の発展を目指した結果、私が国際法務の業務拡大を担当するようになった1985年頃から約25年を経た2010年の事務所は、以下のような規模、体制となった。この規模は私の勤務したニューヨークの法律事務所の1980年頃と同程度である。法曹人口の総数、弁護士への需要の多寡、法律問題に対する文化の違い等の背景の違いはあるが、規模的には、約30年かけて30年前の米国のトップクラスの法律事務所に追いついたということになる。

＊ 2010年頃の森・濱田松本法律事務所の状況
〈弁 護 士〉約220名
〈スタッフ〉（司法書士、パラリーガル、秘書、スタッフ）
約250名
〈支　　店〉北京、上海

＊因みに、10年後の現在（2020年６月）の森・濱田松本法律事務所の状況は以下の通りで、規模としては、同時期のアメリカの大規模事務所のほぼ２分の１ないし３分の１の規模である。ただし、国内支店の開設、海外（特に、アジア）での事務所、支店の拡大はこの10年間で劇的に進展している。
〈パートナー〉123名
〈アソシエイト〉279名
〈カウンセル〉21名
〈外国法事務弁護士〉18名
〈そ の 他〉税理士、弁理士、客員弁護士等
〈支店、海外事務所〉各所に１名から60名の弁護士
〈業務分野〉M&A、紛争解決、競争法、ファイナンス、
IT、税務、労働法、等のフルサービス

第6章

担当した主要な案件
――グローバル法務関連の案件を中心に

はじめに

本章では、担当した企業法務分野での主要な案件、特に、クロスボーダーの案件（伝統的、典型的な国際法務案件）及び国際水準の法務対応を国際標準に準拠して行う国内法務案件（新規の「国際法務案件」）を中心に振り返る（84 ～ 85 頁参照）。双方を含めて、「グローバル法務」案件と総称する。「国際法務」というと、例えば日本企業が海外に進出することに伴う海外との関係での法務を意味するが、グローバル化の中では、日本のみならず世界の各国が「国際化」するとともに、世界の各国が国際標準、国際水準の法務を国内でも進化させるという現象が起きる。また、法律問題は自国のみならずグローバル化した世界各国での対応を同時に必要とするようになっている。このことを踏まえると、単なる法務の「国際化」を超えた「グローバル法務」が誕生していると言える。以下ではこれらの「グローバル法務」に関連する案件を紹介する。次に、これらの案件を、関係する法務分野で見ると、単一の法務分野のみが関係する案件、並立的に複数分野が関係する案件、法務分野が交錯して関係する案件がある。私が主たる専門としていた「法務分野」は以下の分野であり、以下の私の担当した主要な案件は、これらの法務分野に関係（単一、並立、または交錯しての関係を含む）する案件であった。

（関係する法務分野）

(i)　紛争解決（訴訟、仲裁、交渉、政府調査等）
(ii)　独占禁止法（カルテル調査、企業結合、独占、不公正取引等）
(iii)　事業提携、事業統合、事業買収（M&A）、合弁事業等
(iv)　知的財産権法（特に著作権）、知的財産に係る取引
(v)　通信、放送等のメディアにかかる法務
(vi)　プラント工事、建設工事等のプロジェクトにかかる法務
(vii)　企業統治、コンプライアンス、リスク管理にかかる法務

1　IBM事件

(1)　おとり捜査と刑事訴追

1982年6月22日、日立製作所と三菱電機の社員６名が米国内でFBIにより逮捕された。日本の新聞の一面に逮捕連行される日立製作所社員（実際は子会社社員）の写真入りの記事が掲載され、衝撃を与えた。容疑は、日本のコンピューター事業を行っている代表的な企業（日立製作所、富士通、三菱電機）が、IBMの保有する開発中のコンピューターに関する機密情報を不正に入手しようとしたというものであった。

FBIは連邦捜査機関であり連邦法の執行にあたるため、州の刑事法の執行は出来ない。そのため、機密情報を「盗品」（stolen goods）と看做し、州をまたいで「盗品」を州外（日本）に移送（transfer）しようとしたという連邦刑事法違反で捜査し、米国

在の容疑者を逮捕した。同時に、司法省（DOJ）が上記3社及び日本在の関係者を訴追した。

⑵　訴追の狙い

この件の特徴は、①日本を代表する企業が米国において刑事法に違反したとして訴追されたこと、②訴追の背景に米国の巨大企業の協力があり、米国の先端産業を保護しようという政治的動機が窺われたこと、③「おとり捜査」（entrapment、undercover investigation）という日本では当時麻薬取締以外では用いられていない捜査が、日本の代表的企業（日立製作所、富士通、三菱電機）に対して行われ、競争相手の企業であるIBMが捜査に協力していたこと、④コンピューターのソフトウェアを権利として保護できるのか、IBMコンピューターの互換機（PCM）開発に必要なIBMオペレーティングシステム（OS）の接続情報に権利があるのか、開示を拒否できるのかという知財、独禁法の最先端分野の法律問題が争点であったことにある。そのために、国際的に注目を集め、知財と独禁法が交錯した法分野において、日米間の「通商摩擦」、「技術開発競争」を象徴する事件となった。

「おとり捜査」は、FBIがシリコンバレーに偽のコンサルタント会社の事務所を設立し、IBM等の技術にかかる重要情報をベースにコンサルティングを提供しているという情報を流すことで始められた。コンタクトして来た日本のコンピューターメーカーに、偽装したコンサルタントがIBMの「機密情報」を提供することをオファーし、日本のコンピューターメーカーを誘引し、日本のコンピューターメーカーが「機密情報」の入手を要望し入手しようとした行為をビデオカメラで録画して、犯罪として摘発したものである。元々東欧圏にハイテク分野の機密情報が流出していることを防止するための国策の実行として開始されたとされる「おとり捜査」が、姿を変えて日本企業をターゲットとした私企業間の競争、通商摩擦問題の解決に利用（当初からの計画であったのか、流用かは不明）されたという、米国産業の利益、米国の先端技術分野での優位を保護する目的の「国策型」の公権力の行使であるとの指摘もあった。

「おとり捜査」は、刑法の犯罪構成要件を熟知した捜査官がコンサルタントに扮し、日本企業の技術者（課長クラス）と面談し、その全てを隠し撮りのビデオで録画、録音して行われた。目的は、技術者に提供する情報は機密性が高く通常の手段では入手出来ない情報（IBMの内部者に利益を提供して入手したことを暗に示唆）であることを認識させ、技術者の上司に会わないと次のステップに進めないと示唆することで、可能な限り高位の役職者を巻き込む（共犯者または主犯として訴追するため）という捜査で、巧妙で周到に準備して行われた捜査であった。結果としては、関係した一社に関してのみ言及するが、同社では米国在（コンサルタントと面談のために米国出張で訪米）の技術者が米国で逮捕、訴追され、司法取引で有罪答弁をし、日本在の役職者は別途出頭して有罪答弁をした。会社はノロコンテンダー（nolo contendere、不抗争の申立て）という無答責の答弁を要求したが最終的には司法取引により有罪答弁をした。いずれも罰金を支払うこととなった。会社は1万ドル、米国に出張のまま出国制限され訴追された個人2名は1万ドル、4,000ドルの罰金を支払うことで完結した。

案件の性格からすると刑罰のレベルとしてはそれほど厳しいものではない。特に、近時のカルテル行為に対する司法省の罰則適用（実刑数年、数百億円の罰金等）に比較して雲泥の差であり、経済事犯に対する米国の罰則の在り方の変化には昔日の感がある。

「知財紛争」の側面は、コンピュータープログラム、特にコンピューターのハードとOSとの接続情報が著作権等の権利で保護されるべきか否かという争点であった。この争点は、IBMによる日本企業に対する損害賠償、情報の使用禁止等を求める交渉、民事訴訟等において争われた。論点は、コンピュータープログラムを著作権で保護すべきか、特別立法で保護すべきであって著作権での保護はないとすべきかという点と、「互換情報」についての権利保護の範囲であった。大型コンピューターは、当時IBMが突出した市場シェアを有していた。後発メーカーはIBMコンピュータに依存するソフトを使用しているユーザーにコンピューターを売り込むためにはIBMのOSと互換性のあるOSを備えたハードを開発することが必要となり、日本メーカーはIBMコンピューターと互換性のある互換機の開発で市場に参入を試みていた。開発には、IBMのOSの外部ソフトとの接続に必要な情報（互換情報）を可能な限り早期に入手することが必要であった。当時IBMは、新OSを備えたコンピューターを販売する際に、互換機メーカーが新OSに対応するコンピューターを開発するために要する時間を互換情報の開示を遅らせることで“リードタイム”として確保し、その間に顧客を囲い込む戦略を取っていた。その為に、互換機メーカーはその情報を如何に早く入手するかを競っていた。

このような情報について、知的財産として保護されるものか否かが議論されていた。海外、特に米国では、著作権で保護されるという見解が強力に主張されていた。これに対しては、仮にコンピュータープログラムが著作権で保護されるとしても、互換情報は「アイデア」であり「表現」を保護する著作権法では保護されないという反論が強力に主張されていた。しかしながらその立場でも、互換情報を取得するためにはIBMのプログラムを分析しなければならないが、その点はIBMによる契約上の守秘義務、解析禁止の制限があり、情報は秘密情報として保護されているのではないかという懸念も指摘されていた。

民事の紛争の主たる争点でもあり、米国、EU等の独禁当局も関心を有していたのが、IBMの互換情報の不開示、リードタイムの不当な長さが独禁法違反（独占行為）になるのではないかという問題であった。日本企業サイドは、民事訴訟での抗弁として主張し、また、独占力の濫用として取り締まるべきとして海外独禁当局への働きかけを行った。

結果的には、1社については民事訴訟等を経て和解で終了し、IBM情報の不正利用については和解で定めた調査手続を経て合意した金銭の支払いをして解決に至った。他の企業は仲裁手続で争った企業もあったが最終的には和解で終了した。

歴史は繰り返すという感があるのは、最近の中国のファーウェイを巡る米国、中国間での「通商、技術摩擦」である。不正に技術情報を入手したという容疑での刑事訴追の動き、訴訟の提起、通商法による訴及の動き、背景にある「技術覇権」、「技術優位性」を巡る争いは、およそ30年前に起きたことが、国と当事者を変えて再現されているかのようである。

(3)　IBM 事件で学んだこと

ほぼ2年間フルタイムで関与したことで、その後の国際的な企業法務等を扱う弁護士活動の基礎が出来た。以下が弁護士として修得したものである。

① 米国の最先端の法的手続を経験したことで国際紛争解決の基礎能力を築くことが出来た。特に、最先端、ハイレベルの刑事事件、民事事件の手続を経験し、その対応策を学ぶことが出来た。

② コンピュータープログラムに関する法的論点、著作権法の適用の可否、限界、契約による保護の在り方、限界等についての最先端の法理、権利化の動向を学んだこと。

③ 知的財産権と交錯して適用される独禁法の攻撃、防御としての活用法、論点を学んだこと。独禁当局へのコンタクト、調査要請等の最先端の実務を学んだこと。

④ 刑事事件、知財、独禁法、民事訴訟を取り扱う欧米のトップクラスの法律事務所、弁護士との緊密な関係が出来、

トップクラスの弁護士事務所とのネットワークを構築する基盤が築かれたこと。

⑤　法律問題は、単なる企業間の争いにとどまらず、通商問題、権利をめぐる国際的な動向、国策等の影響も受け、また、企業内でも異なった意見の調整次第で方針が大きく変わること、その観点での対応を弁護士も意識して戦略をアドバイスすべきこと等を学んだこと。

⑥　米国民事訴訟、刑事訴追においてディスカバリー、サピーナによる文書提出手続が重要な手続であること、その対応を学んだこと。

⑦　米国流のタフな和解戦略、交渉術、これに対するコンセンサスベースの日本流の交渉術の問題点を学んだこと。

⑧　米国の法律事務所の、各分野の専門家をそろえ、チームで重要案件に対応する手法を学んだこと。

反対に今後の反省点としてその当時感じたことは、以下の通りである。

①　紛争の舞台が米国中心のケースの場合、日本の弁護士の役割は米国弁護士のコーディネーターにとどまる可能性（日本企業の法務が充実すると次第に日本人弁護士の価値、需要が下がる）。

②　技術分野に踏み込んで依頼者の技術者と対等に議論、分析を出来る技術的専門能力のある弁護士の育成の必要性。

③　国際的な政治、産業界の動向への理解、法律問題の国際動

向の理解、これらを踏まえて戦略的なアドバイスをし、外部コンサルタント等を活用する能力の必要性。

④　企業のトップに直接アドバイスを求められ、適切なアドバイスを提供する関係を構築することの必要性。

いずれにせよ、この２年間は弁護士人生で最も充実した活動を行った時期である。米国出張のみならず、ヨーロッパ出張が繰り返され、同時に南米での建設中の発電設備の爆発事故に関して発注者の電力会社との買収交渉にも関与して南米出張が入ったこともあり、世界を飛びまわって超多忙な日々を送った。

なお、この案件において、依頼者の法務部門との信頼関係の構築が如何に重要であるかを認識させられた。これまで述べたような激務を乗りきれたのは、法務部門トップの方の気遣いであった。当時若手の弁護士であったが、機内で十分な休養が取れるように飛行機はファーストクラスを取ってもらい感激した。また、節目、節目での著名な料理店での歓談、静かな奥地での温泉浴も士気を鼓舞するのには大いに役立った。贅沢を享受することの喜びではなく、そのような気遣いへ恩返しをしなければという気持ちが仕事への活力を掻き立てるという効果が大きかった。また、経営トップの考えていることを咀嚼して外部弁護士に伝えてもらうことで、弁護士としてなすべき活動の方向性が見え、その方向性に沿って戦略を構築することが出来た。インパクトの大きい複雑な案件では、法務部門との信頼関係、緊密な連携が必須であることを痛感し、それが有効に機能した場合は、幸福感を持ちながら共に全力を尽くし、良い結果をもたらすことになることを、実体験した。

2　半導体関連の米国訴訟

コンピューターに続き日本企業が半導体（メモリー系）で力をつけ米国の先進企業の市場を侵食するに至り、米国企業による知的財産権である特許権を用いて米国市場への参入を阻止しようという動きが出てきた。テキサス・インスツルメンツ（TI）社が日本企業8社を相手として同社の保有するDRAM基本特許を侵害しているとして特許権侵害の民事訴訟を提起し、同時に関税法337条を用いて米国ITCに不公正貿易を理由に申立てをして輸入禁止を求めたケースはその一環であった（1986年）。

このようなケースで日本企業を代理して関与したが、「IBM事件」の時代とは異なり、企業の法務、知財部門が直接米国弁護士とやり取りをして訴訟を進めるという傾向が強くなった。この傾向は、IBM事件での反省点で指摘したように、海外訴訟に関わる際の日本の弁護士の役割の限界であった。この限界を超えて日本の弁護士が積極的に海外紛争案件に関与し、訴訟遂行、訴訟戦略をリードすることができるかについては、別途**第10章**において検討する。

半導体関連では、メモリー系から米国企業が圧倒的に優位を維持していたシステム半導体の分野に日本企業が進出するのに伴い、この分野でも米国企業の「技術優位」を守るための訴訟が米国で提起されるようになり、日本企業の代理を依頼される案件が増えた。この場合の日本の弁護士の関与の限界についての課題は上述と同じである。米国のこの分野に強い法律事務所を紹介し、最初の事実関係、想定される法的争点のインプットをすると、米国の法律事務所と日本企業の法務、知財部門が直接やり取りをするようになり、重要な問題が起きたときにその点に絞って相談を受けるという関与となることが多くなった。特に、海外の法律事務所は、クライアントの紹介に対する「感謝」の念、「仁義」というようなウェットな感覚がなく、クライアントについても個々の弁護士のクライアントというより事務所のクラアイントとして扱うので、クライアント、重要案件を紹介をした経緯は時間とともに痕跡が消え、海外の法律事務所の弁護士から“our client”と、紹介者の面前で言及され、「あれっ」と驚くことが屡々あった。私的な見解であるが、海外の法律事務所に案件、クライアントを紹介するには、しかるべき信頼関係のあるパートナーを通して依頼し、その依頼関係を維持するためのフォローアップを継続しておくことが肝要である。このことと同時に、日本の弁護士としては案件に対する主導的関与を高めるための付加価値を如何に実現していくかを真剣に考えるべきであろう。

関与の密度は低くなったが、その後も、重要な知財、最先端技術に関する案件に関わることが多くあった。光ファイバーの基本特許に係る米国と日本の有力企業間の米国での訴訟は重要先端技術を巡る紛争で、日本の先端技術の開発、事業の発展に重大な影響を与える恐れがあり、先輩弁護士とともに真剣に取り組んだ。

液晶を巡る特許訴訟も同様のもので、米国弁護士の選任、案件のコーディネートに関わった。その他の特許訴訟に関しても、米国が舞台のケースがほとんどで、日本企業を代理して多くのケースに関与した。また、レメルソン特許による高額の損害賠償事件、パテントトロールといわれる言いがかり的な特許権侵害訴訟の防御においても日本企業から相談を受けた。しかしながら、次第に案件への直接的な関与の機会が減少していったとの記憶である。

近時、中国の発展が米国企業への脅威となってきたことに対して米国が取っている対抗戦略は、前述のIBM事件、半導体、液晶等の先端技術に関して取られた米国企業の戦略に類似した対応である。通商法を用いての提訴、刑事罰による脅し、技術の盗用を理由とする訴訟等による法的措置の利用により譲歩を迫るという米国企業の対抗戦略を見ると、将に歴史は繰り返すという字義通りのことが起きている。日本は、正面からの徹底抗戦よりも和解による解決を目指し、問題のある行為については是正策を講じることで対応したが、中国企業は国のバックアップの下でタフな対応、徹底抗戦を選択しているように見える。いずれの選択が正しいかは歴史が判断することになろう。

3　企業の命運をかけた紛争の解決

企業にとって重要な事業、さらには企業の存亡にかかわる紛争は、弁護士にとってその経験、専門能力をフルに発揮し、法律事務所のリソース（シニア弁護士、中堅弁護士、若手弁護士、パラリーガル、エクスパート等）を最大限投入して取り組む、最もやりがいを感じる仕事である。英語では bet-the-company case (dispute)、「企業の存亡を賭けた案件（紛争）」と呼ばれることもある。大手法律事務所のシニアの有力弁護士は、このような案件を獲得、受任、主任として担当することが重要な役割であり、このようなインパクトの大きい案件（訴訟以外の M&A 等を含む）を継続的に持ち込む弁護士は “big case lawyer” と尊敬と嫉妬を含めて呼ばれることがある。また、最近は法律事務所も組織で対応することが多くなったので、その例は少なくなってきているが、法律事務所の訴訟部門には “star litigator” という尊称で呼ばれる、高名な弁護士がおり、このような弁護士が重要案件を取り仕切っていた。

従来は、訴訟がこのような案件の代表例であったが、米国では司法省等の法の執行にあたる政府機関が厳しい刑罰（長期の実刑)、巨額の罰金、事業の存亡にかかわる行政命令、判決を求めるケースが増えており、これらに対する対応も “big case” となっている。例としては、独禁法違反に対する調査、制裁手続、企業の統合、M&A についての独禁法による審査、差し止め手続、海外での外国公務員に対する汚職行為の調査、制裁の手続、通商法違反の調査、制裁手続等が、海外特に米国を舞台として日本企業が巻き込まれ、big case となる恐れがある。

日本国内での「紛争解決」で、米国と同様の企業の命運をかける案件は米国に対比すると未だ少ないかもしれない。公正取引委員会の合併審査において大型の企業結合の成否が公正取引委員会の判断により差し止められるケース、日本国外での贈賄行為が日本の検察庁により摘発されるケース等は、“big case”化する恐れのある事案である。

企業活動がグローバル化するにつれて、日本企業の活動に対して、米国等の制裁の厳格な国の法が日本企業に対して適用、執行される可能性が高くなる。また、米国では裁判、行政制裁において、米国法の域外適用が拡大されつつある。この点は、留意すべきである。

さらに、日本企業で国際的な活動をしている企業の多くは、取引契約、合弁契約、投資に係る契約等において仲裁条項を設けている。仲裁をする国は選択できるが、国際仲裁は仲裁地の如何を問わず、当事者の選任した仲裁人の国際標準に従った手続指揮の下で国際標準に基づく、国際水準での仲裁判断がなされる。日本の裁判所のような自制した保守的な判断よりは、事案によっては厳しい結論が出されることもあり、big case となるリスクもある（発展途上国の裁判でのリスク、米国での裁判のリスクよりは仲裁判断によるリスクは小さいと考えるが、この点は仲裁の項（本章9）で詳しく述べる）。

4　知財の新分野
——マルチメディア、通信と放送の融合

1990年代になり、インターネットを通じてのコンテンツの配信、有線、衛星通信を通じてのコンテンツの配信等の事業が開始

されるようになった。従来のように放送免許を受けた放送局がコンテンツを電波を媒介して「放送」するという伝統的な手法以外のコンテンツの伝達技術が開発され実用化されることに対応して、通信と放送をどのように規制すべきか、通信と放送の融合したサービスをどのように規制するかという規制の問題、コンテンツの内容の規制の在り方、責任の範囲等の問題に加え、コンテンツの権利保護に著作権法をどのように適用するか、知的財産権の保護の要件、保護の範囲を通信、放送の境界領域での利用においてどのように取り扱うべきかという問題が注目を集めるようになった。

日本国内で情報伝達が完結していれば、日本法の問題であるが、情報伝達が国外になされる場合は、海外の規制、適用される法律への理解を要求されるので、クロスボーダーの法務問題の検討がなされ、この点は、伝統的な国際法務業務の分野となる。これに対し、日本法の下での検討は本来国際法務とは直接関係はないはずである。しかしながら、海外では、通信と放送の融合の問題が先行して起きており、規制の在り方、知財（特に著作権）保護の範囲等の問題の検討、それを踏まえた実務もはるかに先を行っていた。したがって、日本法の下での検討においても、先行した海外、特に米国での法的な検討の成果を参考にして、日本法の下での理論を構築して行くのが最善の方法であった。また、最先端の法律問題は、国ごとに特殊な解決を図るのには適さないので、国際標準、国際水準の法規制、法解釈が、法の先進国での例を参照して、我が国にも導入されるべきとの認識が一般的になって行った。特に、国内での「グローバル法務」の確立の例である。

この関連で、過去を振り返ると、この分野で海外、特に米国での動向を踏まえ、日本法の下で検討した結果を著作、セミナー、講演等で発表し、企業からの相談を受けながら実務的な解決策を練って行った案件が多数ある。また、この分野でのパイオニアとして著書を出版し、講演、セミナーの講師を務める機会が増えた。これに伴い、コンピューターソフト開発企業、通信、放送関連企業からの相談案件が増加した。新しい分野で、海外の動向を踏まえ知恵を絞り解決策を提案することでクライアントの信頼を得て業務を拡大できたこともあり、やりがいがありかつ重要な業務分野であった。

最近、事務所の移籍に伴い、過去の書籍、資料を整理していたところ、その当時に出版された自著である書籍が出てきた。『著作権ビジネス最前線』、『マルチメディアと法律』等である。

久し振りに再読して、この時代に、関係する法律問題の本質を見抜いて問題点を指摘し解決策を提示している点で、実務家にとって貴重な書籍であったのではないかと自画自讃している。この分野での当時の法的な関心事項を理解してもらうために、以下関連著作を紹介する。

『著作権ビジネス最前線』（中央経済社、1985）：久保利英明弁護士との共著、新版（2003）から横山経通弁護士も共著。1985年に初版出版後、版を重ねた。私は、「ソフトウェア・ビジネスと著作権」、「ニュー・ビジネスと著作権」の章を担当した。

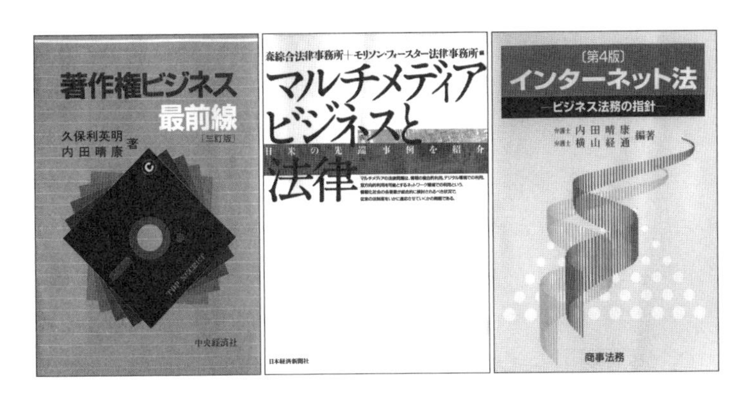

『マルチメディアビジネスと法律――日米の先端事例を紹介』(日本経済新聞社、1995)：森綜合法律事務所と米国のモリソン・フォスター法律事務所の共編。私は、「マルチメディアビジネスの法務」という第1章総論を担当し、マルチメディアソフト（コンテンツ)、マルチメディア機器（プラットフォーム）の制作、提供、販売の法的問題点の分析をし、マルチメディア提携の留意点、マルチメディア事業のシミュレーション等について論述し、この分野の課題、問題点について解説している。

『インターネット法――ビジネス法務の指針』(商事法務、1997)：横山経通弁護士との共著。1997年初版、以後第4版(2003) まで版を重ねる。私は、「インターネットをめぐる法律問題の概観」の章で、インターネットの提起する法律問題と今後の展望という総論を担当した。

新しい業務分野を初期段階にパイオニアとして切り開くことは、新規分野における弁護士の活動領域を広げ、新たなクライアントの獲得につながり、かつ知的好奇心を満足させることが出来る。その為には、海外の法律実務の動向に常に関心を持ち、その実務が日本でどのように展開できるかを自身で考え、日本での実務を構築して行こうという目的意識を持つことが必要である。このような分野も、海外起点の法律業務という点では、国内での国内企業へのアドバイスも広義の「国際法律業務」、「グローバル法務」の一例である。

クライアントは、通信、放送に携わる企業が多かった。また、コンテンツ、関連機器、ソフト開発に携わる企業からの相談も受けた。当時衛星放送事業に携わっていた企業とはビジネスの仕組みづくりに会社と一緒になって取り組んだことで、実務的な法律解釈の在り方を共に学ぶことが出来た。新規分野は企業内法務と一緒に、切磋琢磨して、助け合いながら開拓して行くという姿勢が大事である。

知財関連分野で著作権以外の新規の分野でも、国際水準での国際標準による取引が日本で導入されて行くことを経験した。当時、日本の高度成長の余波の残っていた時期に、海外のミュージカル、演劇等を日本で公演することがブームになっていた。その際の契約は、当時の日本の音楽、演芸の世界からすると、関連する契約書の数、個々の契約書のページ数、内容の複雑さは別世界の観があった。大手の広告会社の依頼で、海外のプロダクション等との英文契約書をチェックしたが、個々の演技者、作曲者、作詞家等の「著作権」、「肖像権（パブリシティ権）」、所属する組合との関係等、極めて複雑な権利、義務関係を理解しないと対応できないものであった。私は国際的な著作権処理の経験を積んでいたので、会社の法務担当者とともにしっかりと取り組んで、経験を積み重ね、楽しみながら対応することが出来た。日本国内の契約も、順次国際標準の契約に代わって行き、弁護士の関与を必須とする新規分野となっていった。演芸、芸能人にかかる法ではなく、「エンターテインメント法」という新分野の、日本での誕生である。

この関連では、野球、サッカー、ラグビー等のスポーツに関しても、海外のチームを招聘する契約は、同様に選手の権利、スポンサーとの契約等は国際標準の契約に準拠するため、複雑、多層的であり、国際契約の知識、経験が無いと対応が困難であった。同様に広告会社の法務と一緒に対応して、その知識、経験を蓄積した。何故かこのような世界は楽しく仕事が出来るので、気持ちが和む新分野であった。日本国内での契約も徐々に国際標準になって行くと期待している（契約問題でトラブルになるケースが新聞等で報じられているので、日本的な曖昧な契約が生き残っているのかもしれないが）。この分野も、日本的な曖昧な契約の世界を離れ、「スポーツ法」として国際標準に従った、国際水準の法務が確立してきている。また、紛争事例としては海外の超有名スターとの契約トラブルの交渉を引き受けたことがあり、その際には米国の有名スターを代理する「エンターテインメント・ローヤー」の独特のプロ意識を直に見聞し、将来日本でもこのような分野の専門弁護士が出現するのではないかと思った。

このように、欧米、特に米国では、新規の事業分野に既存の法的権利を活用し新規の「権利」を創出し、その権利を調整する複雑な法的関係を発生させ、その権利関係を調整するために複雑で、精緻な、体系化された契約モデルを導入して行くという法文化、法ビジネスの伝統があると認識している。この文化、ビジネス観は、日本でも国際標準、国際水準の法務が定着するためには、大いに学ぶ必要がある。

5　M&A――新時代の M&A

(1)　M&A 法務の「国際化」

日本企業による企業の合併・買収（Mergers and Acquisitions、M&A）は、1980 年代後半に海外企業の買収として件数が増加し、1990 年にピークとなり、その後一時低迷し、1999 年以降に国内企業間の M&A を含めて大幅に件数が増加したと言われている。

しかしながら、初期には、M&A は、日本においてはあまり活発ではなく、また伝統的な企業経営手法からは抵抗感もあり、大型の取引は数が少なかった。また、大型の取引についても「雛形」に従った簡単な契約書を企業同士で作成して済ませるものが多く、現在は必須とされているプロセスである事業内容の精査（後述）は行われず、重要な考慮要素は、対価、合併比率等と企業間の融合の成否、従業員の納得感等であった。そのため外部弁護士の関与する度合いは極めて低かった。しかしながら、国内 M&A でも外資系企業との M&A においては米国スタンダードの契約、取引形態が選択されるようになったこと、日本型取引における契約例、取引手続があまりにもプリミティブで利害関係が錯綜し法的な規制が多層化した複雑なM&Aに適用されるものとしては不十分であったこと、会社の役員の善管注意義務、忠実義務違反の責任が追及されないよう取引条件の合理性の確認、相手方企業の事業内容の精査（due diligence、DDと略す）が要求されるようになってきたこと等から、次第に米国型の契約、取引形態が採用されるようになり、それが国内の取引においてもスタンダードとなっていった。また、LBO、MBO、TOB等の米国起源のM&Aの新規、複雑なスキームが導入されるにつれ、国内取引においても米国の実務の影響が大きくなり、米国実務が先例として援用される事案が増加していった。このような事情もあり、M&Aは、国内で行われているにもかかわらず、また国内企業間の案件でも、国際標準の手続に従い、国際標準の契約を締結し、国際水準の法的な検討、対応を行うのが慣行となった。

その結果、米国流M&A実務の知識、経験があり、多くの専門分野（会社法、独禁法、労働法、環境法、知財等）の弁護士をチームとして備え、DDのような人的リソースを要する業務を行うことの出来る大手渉外系法律事務所ないし国内法律事務所で海外部門の強い大手事務所に大型M&A案件の依頼が集中するようになった。さらに、日本企業同士のM&Aでも、グローバル企業は海外でのオペレーションがあるので海外の法律事務所と連携して業務に取り組める法律事務所が必要ということもあり、これらの機能を有する法律事務所の関与が一層増えることになった。

私は、このような現象を、経済活動のグローバル化を受けての「渉外法律事務所の国内化」（海外向けの業務及び海外クライアントの日本国内の業務を主として担当していた日本の渉外法律事務所が国内企業同士の国内業務も担当するようになる現象）、「国内法律業務の渉外化、国際化」（国内法律事務所が国内でやっていた業務が海外での法律実務の影響を受け国際化する現象）と位置付けている。この現象はM&Aの分野のみならず、他の分野でも浸透して行くことになる。その後、この傾向はさらに進展し、国際法務の知識、経験は国内法律業務を行う上で必須のものとなって来ている。従来の国際法律業務という分野は、国内法律業務の中核となる業務ではなく、外資系企業の日本での法務を扱うか、海外進出する日本企業への外国法の基礎的なアドバイス等に限定されていた。しかしながら、国内の中核的な業務が国際標準の業務を国際水準に準拠して行われるようになり、「国際弁護士」の業務範囲が大幅に拡大し国内の中核的業務をも含めて担うようになったことが、日本の「国際弁護士」の活躍の場を劇的に拡大したと考える。この現象は、「渉外法律事務所」、国内事務所で国際業務を扱う事務所を、「4大事務所」または「5大事務所」として急成長させる原動力にもなった（「グローバル法務」84～85頁、89頁参照）。

⑵　米国流のM&A取引の定着

米国流M&Aが日本で一般化する過程で、米国の法律事務所が米国での M&A のみならず、日本での M&A を受任することを目指して、米国型 M&A を紹介するセミナーを開催し、書籍を出版し、ニュースレター等を送付するような活動を強化するようになった。これを受けて、日本の法律事務所も米国流の M&A を日本での M&A に適用していくための日本法の下での法的論点の整理、契約書のモデル化、DD の行い方、M&A にかかる日本法での規制（業法上の規制、独禁法の企業結合規制等）を事務所のノウハウとして蓄え、次第に国内で米国法律事務所と同様のプロモーション活動を行うようになった。

例えば、M&A の契約については米国流の契約が次第に受け入れられ、その特徴として、契約は「4 頭立ての馬車」で構成されるというような説明がなされ、次第に標準契約化していった。具体的には、以下のような条項である。

① Representation & Warranty（表明、保証）
② Indemnification（補償）
③ Condition precedent（前提条件）
④ Covenants（誓約）

M&A の専門外の日本法の専門家からみると、全て日本法では用いない新規の用語で、民法、会社法等の条文の用語でもなく、法的効果を論じた通説的な解釈も存在しないという、英文契約の翻訳に過ぎない代物という評価であった。個人的にも違和感を持ったが、一部用語を変えると、全ての用語において新規に適切な用語を考案して行く必要が出てくること、日本法上法的効果に大きな問題が生じなければ良いだろうという判断もあり、これらの用語スタイルは定着していった。これらの用語は、実務で「レプワラ」、「インデム」、「デューデリ」とカタカナ日本語で定着していった。日本人は、海外用語を自然に取り込む天才かもしれない。ただ、これらの条項を日本法の瑕疵担保責任、債務不履行責任、損害賠償責任、停止条件、解除条件等との関係を整理して、契約スタイルも日本法との整合性を取ろうとする努力をすることなく、安易に米国モデルを踏襲したことは、日本法の専門家としては残念である。

いずれにせよ、法的な効果は原則として契約に記述した通りの効果を持つこと、M&A取引の実態に即した規定であること、日本法の概念を準用して解釈しても契約規定の意図するものとの齟齬はないこと、米国流契約の蓄積した実績を利用できること、相手方企業が外国会社である場合、海外当局の審査の場合等に違和感を持たれない等々の理由から、M&Aの契約は、翻訳調の米国型契約が一般的なものになった。

特に、外資系企業とのM&A（国内）では、米国流の契約を日本法の下で契約条項で意図した効果が保障されるかを検討したうえで採用することが一般的であったので、国際経験のある弁護士が依頼されることになり、私も大型M&Aの代理人としての依頼を多数受任した。この分野での先例となった、米国大手通信機メーカーの日本事業を日本の大手通信機メーカーに売却した案件は、手探りで日本国内で日本法の下で国際的なM&Aを行う事例として貴重な経験となった。

(3) 大型M&Aの経験

その後、M&Aは日本においても定着し、事業再編の必要性、機運が高まったこともあり、事業再編のための大型M&Aが増加してきた。その一環としてのM&Aで記憶に残っている案件は、米国の大手金融・証券会社と日本の大手証券会社間での事業統合・提携に向けての超大型M&Aである。巨大企業同士の経済的、社会的なインパクトの大きな大型案件であった。相手方米国企業は、交渉力の強い、豪腕、「強欲」（個人的な印象）な金融、証券の複合企業である。両社間での統合の条件が細部に至るまで全て交渉の俎上に挙げられ、厳しい徹底した交渉により多くの問題を一つずつ解決する壮大な交渉であった。法律的な論点は広範、多岐に亘ったが、例を挙げると以下の論点が特に重要な争点であった。

① 銀行法、証券業法（米国の規制、日本の規制等）
② 米国の銀行持ち株会社の規制（銀行業と証券業の分離）
③ 独禁法（日本、米国、その他の国の独禁法）
④ 会社法（統合の手法等）
⑤ 合弁、提携契約（統合比率、支配権等）

交渉は、重要な問題ごとに徹夜の交渉が続くタフなものであった。相手方は、交渉担当を交代しながら徹夜交渉に臨み、基本的に譲歩はしない厳しい交渉姿勢であった。残念だったのは、日本の事務所としては既に最大級の事務所ではあったが、案件規模からすると当時の事務所の規模では完璧なチームが組成できなかったこと、特に証券関係の専門家が不足していたことから証券固有の法律問題については社内法務、海外の弁護士に依拠せざるを得なかったこと（大型案件は公表までは極めて限定された少人数の幹部のチームで対応するので、実務に詳しい社内のスタッフの支援を契約交渉段階では受けられないことから外部の弁護士、会計士等がカバーする分野が広範にわたることになる)、クライアントのトップとの信頼関係が十分には確立できなかったことである。その後、事務所の規模拡大、専門分野の拡充（金融、証券関係に強い事務所との統合を含む）を推進することに注力したのは、この時の経験が影響している。

特に、企業の存亡を賭けた（bet-the-company）取引については、社内の賛成派、反対派との利害対立が熾烈になることがあり、弁護士は積極的な前向きの対応をすると統合推進派として批判されたり、人身御供にされたりすることがある。重要案件では、このような「社内政治」への気配りも必要となる。基本姿勢は、依頼者は個々の役員ではなく企業であり、企業にとって最善となること（Best for Client）を基本理念として堅持することが、長期的な信頼を勝ち取ることになるというのが、これらの案件の経験を経ての結論である。

その後、多くの大型、国際的な統合案件を取り扱った。しかしながら、M&A の世界において、乗っ取り、それに対する買収防衛が脚光を浴びるようになり、TOB、MBO、LBO 等のテクニカルな手法の活用が法律専門家に期待されるようになるにつれ、私自身の関与は間接的になり、これらの分野の専門弁護士とチームを組み、その分野の弁護士がチームの主要メンバーとしてM&Aの取引、交渉の中心となって対応する案件が多くなった。

近時は、新しい動向として、業界再編が究極の段階に至り、寡占化の進む業界での統合案件が多くなって来ている。このような案件では、M&Aのテクニカルな問題、契約の条件交渉等より、独禁法のクリアランスを取ることが鍵となり、独禁法を専門とする弁護士の役割が大きくなる。この動向は、新しい動向であり今後も続くものと予想している（この点は、次の独禁法プラクティスの分野の紹介で触れる。6(5)参照）。

6　独禁法プラクティスの質的変化、国際化

(1)　はじめに

(i)　独禁法実務の国際化

独禁法分野でのカルテル調査案件は、過去においては官庁、地方自治体、準官庁の入札における国内談合案件が中心で、「黒」ないし「グレー」のものを如何に防御して公正取引委員会との間で落としどころを見つけるかという実務が中心であった。企業結合案件も、マーケットシェアを中心に統合後のマーケットシェアが何％を超えると独禁法上問題となるかという比較的単純な審査手法がとられていた（例として、統合当事会社の合計マーケットシェアが25％を超えると独禁法上問題ありとされる「25％ルール」と呼ばれる判断基準が適用されていた時期もある）。

法律事務所の関与も、元公正取引委員会委員、事務局出身者が中核メンバーとなっている独禁法に特化した法律事務所が中心で、顧問先であることから依頼されて関与する企業法務の総合法律事務所が一部参入することがあるという状況であった。

その後、経済のグローバル化に伴い、独禁法案件の審査の手法が国際標準、国際水準の審査手続をベースとするように変化してきて、また日本企業も、米国、EU の当局の調査を受け、訴追されるケース、企業結合が厳しく審査される事例において国際標準で国際水準の対応をする経験が増えるに連れ、日本の独禁法実務も国際化し、国際標準のプラクティスが採用されるようになって行った。この潮流のなかで、伝統的な独禁法専門法律事務所に対抗して、グローバル化した日本の法律事務所がこの分野に参入するようになった。

(ii)　独禁法プラクティスの拡大戦略

このような新たな可能性が出てくる潮流を察知し新規業務の開拓をすることは、弁護士にとって極めて重要な仕事である。以下は、私が、所属していた法律事務所のパートナーとして独禁法プラクティスを開拓、発展させた際に実践したアクションプラン、戦略である。事柄の性質上、抽象化、一般化して記述していることを理解頂きたい。

既に触れたように、1980 年代は、伝統的な独禁法専門の事務所がほぼ独禁法案件を独占していた。そのなかで「渉外法律事務所」が主として外資系企業のために独禁法の専門家を育て新規参入を図るようになっていた。私の所属する事務所は、顧問先企業からカルテル案件の依頼をされ、必要に応じ他の企業を代理する事務所と一緒に案件対応をすることが、独禁法案件への一般的な関与の仕方であった。先輩の戦闘的弁護士が中心となり、「戦う独禁法弁護士事務所」としてクライアントの徹底した防御、公正取引委員会との安易な妥協をせず戦うという「弁護士魂」を発揮して、カルテル対応弁護団の中で突出した位置を占めていた。他に同様の方針を取る弁護士事務所があったため、一緒に担当した案件では防御方針を巡っては「共闘」することが多かったと記憶している。独禁法案件を専門とする法律事務所から見ると、「業界」（独禁弁護士業界）のルールの分からない「外様事務所」扱いをされていたというのが、私の記憶する事務所の当時の状況であった。

その後、独禁法の手続が国際化し、国際標準、国際水準での独禁法の執行の方向へ向かう潮流に乗って、これに対応した独禁法プラクティスをゼロから立ち上げ、「新規参入」し、発展させるためには、そのためのアクションプラン、戦略が必要であった。

第１は、事務所内での独禁法プラクティスを専門とする弁護士の育成、強化、組織化、拡充である。この点は、事務所内では数人独禁法に関心を持つ弁護士がいたものの、スタート時点では専門家はほぼゼロに近かった。独禁法を専門とする志向のある若手弁護士の海外留学、独禁法の分野での有力な海外法律事務所での研修をアレンジして、時間をかけて人材を育成して行くことが第一歩であった。加えて、即戦力として、他の法律事務所からの独禁法に関心、経験ある弁護士の採用（ラテラル・ハイアリング）を行った。幸いに、能力、専門知識の高い、人格に優れた公正取引委員会勤務経験のある若手実力派の弁護士を採用することが出来た。事務所内では、引き続き、若手弁護士の内から独禁法に関心のある弁護士に、独禁法案件に関与し興味、関心を持ってもらい、その後留学、研修で実力に磨きをかける過程を経て、事務所の独禁法プラクティスグループを拡充していった。この流れに弾みがつくと、若手弁護士が各々このような動きの新しい核となり雪だるま式に陣容が拡充して行くという好循環が生まれた。

第2は、事務所が独禁法分野に強いという評価、認知度を上げることである。当時は事務所のクライアントに対しても、独禁法分野での認知度は必ずしも高くはなかったので、クライアントの認知度を向上するためにクライアント向けのセミナー等を頻度を高めて行った。特に、国際的な独禁法問題への対応、海外を含めた独禁法のプラクティスについてのアピールのために、海外の執行機関のトップであった弁護士、独禁法で著名な海外の弁護士をスピーカーとして招き、私を含め事務所の弁護士がパネルディスカッションにモデレーター、スピーカーとして参加するという方式のセミナーを定期的に行うことで、クライアントに最新の知識、情報を提供するとともに、事務所の国際的なネットワーク、国際的な独禁法対応能力を示すことを狙った。事務所は、当時恒例となっていたクライアント、関係者を招待してのセミナーを年2回開催しており、その機会に独禁法関連のテーマのセッションを設けたことも、認知度を挙げることに大いに役立った。また、海外の弁護士、法律事務所の中での認知度を高めることも重要であった。海外での評価は間接的に日本の法律事務所間での認知度の向上、さらにそれを通じての日本企業における認知度の向上につながる。間接的で、成果が出るには相当の時間を要するプロセスであるが、日本国内のみならず国際的な評価を獲得、向上させるためには、時間をかけて長期志向で取り組まなければならないプロセスである。その為には、海外の有力法律事務所の弁護士との関係を深めるため、IBA、ABA 等の有力な国際法曹団体の年次大会、コンファランス等に参加し、友好を深め、役員を務め、スピーカーを務めたりすることが必要である。私は、多数の国際法曹団体の役員、重要なコンファランスでのスピーカーを務めたが、これらは降ってわいてくるものでは無く、地道な活動、交流、貢献を続けるなかで信頼感を獲得して勝ち取るものである。独禁法関係で記憶に残っているのは、ABA の独禁法部会の年次大会での経験である。この大会は、ワシントンで数千人の独禁法分野の弁護士が参加して行われる。米国、海外競争法当局のトップも参加し、海外の有力弁護士が多数参加することから、独禁法関係者にとっては国際的に認知された最大のイベントとなっている。「新規参入者」にとっては、知己を増やし交流を深めるには最適の機会である。初めて参加した頃には、日本からの参加者は極めて少なく、私が参加するようになった当初は日本からは数名が参加するのみであった。当初は面識のある弁護士も極めて少なく手探りの状態であったが、IPBA（環太平洋法曹協会）の関係で親しくなっていたアトランタの弁護士が ABA の独禁法部会の国際部門の中核メンバーであり、国際部門の役員を紹介し、スピーカー、役員等に推薦してくれたこと、他の有力メンバーを紹介してくれたことが、ネットワークの構築のファーストステップとなった。その後は次々にネットワークが拡大して行った。また、IBA（国際法曹協会）の独禁法部会も国際的な独禁法分野での有力弁護士が中核メンバーであり、ABAで出来た人脈のおかげでIBAのコンファランス等にもスピーカーとして参加するようになった。最も効果があったのは、ABAとIBAの共催セミナー（joint seminar）であった。Cartel Work Shopという名称で、Demonstrationという新しい形式（弁護士、現役の当局者が舞台上でロールプレーしながら実務を再現し、聴衆に実務の実際、問題点を提示する手法）をとり、その演技者（ロールプレーをする弁護士）であるFaculty（スピーカを教師陣として総称）が世界各国のトップクラスの弁護士であったことから、独禁法関係の弁護士に高い人気を得ていたプログラムである。2年に一度ヨーロッパの大都市で行われ、多数の独禁法弁護士の集まる場となっていた。最初は、ロンドンでのセミナーに日本の弁護士の役でロールプレーに参加し、レセプション等でスピーカー仲間との交流、参加者との交流が図られた。その後は、2年毎に連続してスピーカーを務めた。毎年、スピーカーは大きく変わらないのでスピーカー同士が緊密な関係を持つ「仲間」となった。この仲間は、世界各国の独禁法弁護士のリーダーであり、後にビジネスローの世界で国際的に最も影響力のあるIBAの会長となったReynolds弁護士はじめ、独禁法のみならず、国際法務の分野でのリーダーと緊密な関係を築くことが出来た。このような努力を通じて、独禁法分野での国際的認知度がゼロに近かった私の属する法律事務所は認知度、評価を高め、世界の弁護士、法律事務所のランキングを毎年公表する著名なChambersのランキングでも事務所としてトップクラスの評価を受け、事務所に属する弁護士もトップクラスの評価を受けるに至っている。因みに、私は、トップランクから、最近はSenior Statespeople（Statesmen）にランクされている。名誉あるランクである。

第3は、公正取引委員会及び海外の独禁法の執行機関との良好な関係の構築である。公正取引委員会との関係では、特に、弁護士としてはカルテル執行の関係で対立関係が顕著となるため、友好関係の構築は必ずしも容易ではなかった。しかしながら、カルテル調査手続におけるリーニエンシー制度の導入もあり執行機関との意思疎通の重要性が高まり、企業結合の審査等においても相互の意見交換、交渉の機会が増えるに従い、当局との意思疎通が一層重要となってきた。また、任期付公務員として弁護士が公正取引委員会に勤務するようになったことも、良好な関係が構築される土台造りに役立った。別途触れる「競争法フォーラム」（197頁参照）の創設は、この潮流を作ることに大きく貢献した。私は、「競争法フォーラム」の創設に関わり、二代目の会長を務めた。また、私の当時所属していた事務所の後輩の弁護士も役員を務めている。さらに、事務所の弁護士も公正取引委員会での勤務経験者を採用し、公正取引委員会に若手弁護士を派遣することも良好な関係を構築するのに貢献している。私自身は現在、公正取引委員会の活動をサポートしている公正取引協会の理事を務めており、公正取引委員会が識者から意見を聞く重要な諮問機関である「独禁懇話会」の委員を9年間務めた。さらに、元公正取引委員会委員長に事務所の顧問に就任していただいたことも有難かった。また、海外の独禁当局との関係で特に思い出に残っているのは、世界の独禁法の政策決定、執行方針の決定に大きな影響を与えるリーダー役の米国司法省反トラスト局との関係である。反トラスト局長は、司法省での独禁法執行の責任者であり、独禁法分野で実績のある著名な弁護士が選任される。その多くは、司法省の重要ポジションでの経験を有している。法律事務所に勤務している時代に私と仕事を共同で担当したことがあり、IBA、ABA 等の法曹団体のコンファランス等でスピーカーを一緒に務めた関係で親しくしていた弁護士が、オバマ政権下で反トラスト局長に指名されたと知り、ワシントン出張の際に挨拶に出かけた。超多忙にもかかわらず、時間を取って局長室での面談をアレンジしてもらえた。

局長室は、歴史のある重厚な司法省の建物の中にある広大な個室、会議室からなる威厳を感じさせる部屋であった。入り口から個室に向かう壁には、歴代の大統領と反トラスト局長の肖像写真が飾られていた。歴代の反トラスト局長は独禁法の世界のリーダーとして歴史上に名を遺した人物が多く、歩きながら独禁法の歴史をたどる感激を味わった。個別案件の話は出来ないので、過去にワシントンの桜を見ながらディナーを一緒にした思い出話、東京でのセミナーの後に和食に招待した際の話等で盛り上がった。退官後のワシントンでのゴルフの約束をして別れたと記憶している。グローバルに活動をして、人間関係の構築をしっかりしてきたことへの報いの恩賞として嬉しい思い出である。

以上のアクションプラン、戦略をコツコツと地道に続けたことの成果が、私の属した法律事務所が日本の独禁法分野のトップクラスと目されるまでに成長したものと自負している。

なお、本章では一法律事務所の成長戦略としての側面にのみ焦点を当てて記述したが、このアクションプラン、戦略は、単に私自身、所属事務所の利益のためのみならず、同時に日本の弁護士、法律事務所が、国際的な舞台で活躍出来る土台、舞台を作り、独禁法に携わる日本の弁護士全体の成長、発展に寄与することになるとの意識も持って行動したものである。また、法曹団体の役員を務めたり、セミナーのスピーカーの推薦等に関与する際は、他の法律事務所の弁護士を含め、日本の弁護士の果たす役割を向上させることも念頭において活動をして来たことも強調したい。

もっとも、性格的に、余裕を好み、身を粉にして働くという気性がないことから、全て半ば楽しみながら運に任せて結果が出たような気もしている。成果は、共に問題意識を共有して、より勤勉に真摯に目標達成に協力、尽力してくれた所属事務所の後輩の弁護士の寄与によるものと心から感謝している。また、日本の弁護士の活躍の場を広げるという観点での活動では、日本の弁護士の存在感を高めるために、より高い目的意識を持ち真摯に目標達成に協力してくれた他の事務所に所属する弁護士に心からの感謝の念を抱いている。

⑵　独禁法違反の審査案件

以上に紹介した大きな歴史の流れの中で、個別に扱った独禁法違反の審査案件のうち、記憶に残る案件を振り返る。

(i)　マイクロソフト（抱き合わせ）事件

マイクロソフト社（以下「マイクロソフト」）はPC用基本ソフトの業界で巨大なシェアを有し、米国、EU等で独禁当局から様々な違反容疑で独禁法違反の調査を受けていた。その中で、インターネットの時代がまさに始まろうとするときに、インターネットとの接続ソフト（ネットスケープコミュニケーション社の開発した接続ソフト）が開発されて市場に出てきた。マイクロソフトはこのソフトに対抗して自社の接続ソフトであるインターネットエクスプローラー（IE）を開発して市場に投入した。

この対抗戦において、マイクロソフトがPCの基本OSに対し有する「独占的地位」を濫用して競争企業の接続ソフトを排除したというのが、海外の競争法当局が調査を開始した主たる嫌疑であった。日本でも、1998年に公正取引委員会が、マイクロソフトが他社のインターネット接続ソフトを排除した行為を独禁法違反の疑いがあるとして調査を開始し、同時にマイクロソフトの表計算ソフト（エクセル）を用いたワード等のパソコンメーカーに対するライセンスにおける「抱き合わせ」行為についても独禁法違反の疑いがあるとして調査を開始した。前者の嫌疑は、マイクロソフトが日本のインターネットサービスプロバイダー11社との間で、ライバル会社のインターネット閲覧ソフトの宣伝、販売促進を制限する契約を締結し競争者を排除したというものであったが、マイクロソフトが契約を自発的に改定したこと等（公正競争阻害性が証明されなかったことも原因と考える）を踏まえ排除勧告を出さず「警告」で終了した。他方、「抱き合わせ」行為については排除勧告を出した。日本では「一太郎」というジャストシステムのワープロソフトが大きなシェアを有していたこともあり、その事業者を排除したという日本特有の独禁法違反の問題については制裁を課し、他方で国際的に問題視されていたマイクロソフトの独占的地位を濫用したインターネット接続ソフトの排除の問題については最終判断を避けた形になった。マイクロソフトは、「抱き合わせ」の問題については元々取引方法を変更する予定であり、既にパソコンメーカーとの取引に対して「抱き合わせ」を強制せずメーカーに他社ソフト利用の選択肢を与えるライセンス方法を取っていたこともあり、勧告を受諾した。なお、ワードとアウトルックの「抱き合わせ」についても、同様の排除勧告がなされた。

弁護士として最も懸念していたのは、インターネット接続ソフトにかかる競争者排除の問題であった。この問題は、海外当局が強い関心を持っており、日本の当局が違反という認定を他に先駆けて決定すると国際的な影響も大きかったからである。警告で終わったのは、競争への影響が公正競争阻害性を有するレベルではないことを主張したのが効を奏したと個人的には考えている。他方、「抱き合わせ」行為については、実務的には抱き合わせを受け入れさせるために何等かの強制があったことを認定するのが一般的で、数社のパソコンメーカーの担当者からマイクロソフトによる「強制」があったとの供述を取得したのが勧告を出す有力な根拠になったのではないかと思っている。

この案件は、海外の巨大企業からの重要案件の依頼であり、海外企業の社内弁護士から直接指示を受けて防御を遂行した案件で、このような案件に対応する心構えを学ぶことが出来た。まず、会社からの弁護士に対する要求は極めてディマンディングであることである。曖昧な回答は許さず、消極的な意見は徹底して理由を問い詰め、迅速な回答を要求する。海外の巨大企業は、一般的に、その独占的な地位を維持するために競争者への対抗を徹底して行うという企業方針、文化を有している。しかしながら、その上で、法律違反になる行為は絶対に許容しないので、弁護士の意見を尊重しその意見には従う。そのため、弁護士には安全を取った保守的な意見を期待するのではなく、許容範囲のぎりぎりまで検討をしたクライアントの事業戦略に沿った積極的意見を期待していると感じた。

この経験は、その後の海外の大企業の業務を受任した際の対応の基本姿勢の在り方として、身に染みた教訓となった。

(ii)　ソニー・コンピュータエンタテイメント（プレイステーション）事件

海外に絡んだ案件ではないものの、法律的な争点を正面から争った案件として記憶に残るのが、「プレイステーション事件」である。

プレイステーションは、1994年12月にソニー・コンピュータエンタテイメント社（当時）により発売されたが、当時家庭用ゲーム機市場は任天堂の独占状態であり、新規参入は極めて難しいと考えられていた。発売の直前になって法務の責任者が、同社の販売戦略に独禁法上の問題がないかを相談に来た。同社は、マーケッティング戦略として、当時の任天堂流通の問題点を分析してゲームソフトメーカーへのインセンティブを与える流通戦略（CD-ROM を用い、小売業者から直接消費者に販売させる流通政策）を計画していた。それは、販売店による過剰な安売り、横流し販売、中古品販売の横行を抑え、健全な流通を確保しようとするものであった。相談された当時、ゲーム機の世界での新規参入は極めて難しいと想定されていたこともあり、新規参入でマーケットシェアが一定の程度に達するまでは、このようなマーケット戦略は独禁法の観点から特に問題はないであろうとのアドバイスをして、プレイステーションは予定通り販売が開始された。

ところが、プレイステーションは大成功して、ゲーム機業界で大きなシェアを占めるようになった。公正取引委員会は、この流通政策を、「値引き販売の禁止」、価格維持のための「横流し禁止」、「中古品販売の禁止」の「三本柱」での価格制限にあたるとして調査を開始し、最終的には審判を経て審決にいたった。2001 年 8 月に出された審決は、「再販売価格維持」の行為については違法と判断したが中古品販売禁止については再販売価格の拘束の補強的な機能を果たしたとしながら違法性を正面から判断せず、横流し禁止については、競争阻害性ありと認定したが、閉鎖的流通経路内での値引き販売を禁止するための実効性確保手段であることを前提として問題視し、競争排除効果一般についてはやや曖昧な認定をしている。

防御に当たった弁護士としては、審決の判断は同社にとって「1勝、1敗、1引き分け」というのが大雑把な印象であった。再販売価格維持については、再販売価格を維持する行為があったという事実認定が残念であったが、それ以外はある程度会社側の反論を考慮した決定であったと理解している。

この経験は、独禁法の分野で、事実関係を証拠がないことを理由に争うだけの、当局から見ると「黒」を「白」と争っていると見える争い方ではなく、法的な議論を正面から戦わせる案件があることを確認でき、励みになった。当局の事務方の幹部の方が、この件は、国際水準の議論を交わした今後の先例となる案件であるとコメント（退職後）されたのが印象に残っている。

ⅲ　ブラウン管国際カルテル事件／サムスンSDI（マレーシア）に対する件

この案件は韓国の大手企業のグループ会社からの依頼である。理論的争点は日本の独禁法が海外での行為に適用されるかという域外適用の問題で、注目を浴びた案件である。本件は、日本企業の海外子会社に対する海外での販売について日本の独禁法違反に問えるかということが争点となった。公正取引委員会の審決は違反に問えるというものであった。

この審決の取消を求めた訴訟は、残念ながら最高裁で上告が棄却されて終了した（平成29年12月12日最高裁判決）。独禁法の有力学者がSDI社の主張をサポートする意見書を提出しているのにも関わらず、正面から域外適用の理論的な論点について判断を下さず、この結論に至ったことは残念である。

⑶　国際カルテルの摘発による独禁法のブーム

カルテルは、一般的には少数事業者による秘密性を保った密室（ゴルフ場も含む）での談合により行われるために、当局が摘発すること、立件することは極めて難しい案件である。これに対して、米国司法省は Leniency または Amnesty Program という違反行為の摘発に極めて有効な仕組み（プログラム）を考案し、執行強化を計った。このプログラムには、違反行為を最初に自主申告したカルテル参加者について刑事責任（米国は禁固刑、罰金という刑罰で制裁を課している）を免責することで、自主申告をした会社からカルテル行為の証拠となる情報を取得し、他の関係者からはその情報に基づき調査協力による罰則の軽減、加増（司法取引）を梃子としてさらなる情報の提供、自白を獲得するという仕組みである。このプログラムは、米国の独禁法違反に対する厳しい罰則（原則として禁固刑の実刑、企業への高額な罰金等）を背景に極めて効果的であった。このプログラムの導入により、カルテルの摘発が容易になり多数のカルテルが訴追されることとなった。

米国の影響を受けて、EU でも同様の手続が導入され、日本でも平成 17 年（2005 年）に「課徴金減免制度」が制定された。日本は「密告」に嫌悪感を持つ文化があるので利用される可能性は低いのではないかという否定的な評価であったが、施行後直ぐに申告がなされ、その後は米国、EUと同様に違反行為が発覚すると企業は原則的に減免申請をするということが慣行になっていった。

申告を早くすれば軽減措置を受けられるというインセンティブが与えられ、他社が先に申告すると順位を確保されなくなることと、他社が申告すると違反行為がないという抗弁が極めて難しくなるという状況から、申告を早くするための順位争いが自然に起こるという人間心理を巧妙に利用したプログラムである。この制度が導入されて以後、弁護士の防御戦略も事実関係を調査して防御の可能性を探り、場合によっては無罪（無違反を含む）を勝ちとるために戦うよりも、内部調査をして違反行為の疑いがあることが確認されると如何に迅速に申告をし、その後申告の効力を維持するために当局に積極的に協力することを目指す戦略が一般的になった。

この制度は国際カルテルの摘発に大きな効果を発揮し、大規模のカルテル事件が多数摘発された。独禁法分野の弁護士にとっては、大事件が続々と発生することになり、弁護士業務の「黄金期」を迎えることになった。受任するとクライアントからのヒアリング、文書の精査等による事実の確認、申告の準備、申告後の当局の調査への協力、対応、交渉等に加え、米国を中心とする購買者からの訴訟の防御等、膨大な業務の処理が要求され、また海外の対応のために海外の弁護士との連携、共同作業が必須となる。この制度を米国司法省の検事としてカルテル摘発に活用し、積極的に制度のプロモーション役を務めていたG. Spratling検事は、検事を退任した後に弁護士に転じ、世界中をリーニエンシー申請で飛び回っていた。一時、「彼が出張するところにはカルテル案件の匂いがする」と言われていた。

カルテルという法律違反行為を無くすためには摘発を容易にし、弁護士も違反行為の摘発に協力し、違反行為の撲滅を目指すということは社会正義の実現のために望ましい制度である。他方、当局への協力を優先することは、依頼者の防御のために最善を尽くすという弁護士本来の使命を忘却することにならないか、弁護士のモラルハザードとならないかという疑念も指摘されている。特に、米国法曹界は revolving door の世界で、司法省の検事が司法省で活躍したのち、大手法律事務所のパートナーとなりクライアントのために司法省相手の案件を扱うという例が多く、司法省、弁護士事務所が「協力」して被疑者を有罪に追い込み、その過程で法律事務所が高額報酬を享受するという状況にやや違和感を持つとの企業からの批判もあった。

いずれにせよ、このブームは、独禁法分野（特に国際独禁法分野）の弁護士にとって、業務量が拡大し、クランアントの関心が高まったこと、さらには違反を防ぐためのコンプライアンス体制構築についても相談を受ける機会が増えたこともあり、独禁法専門の弁護士の存在感を示す絶好の好機となった。私もこの時期には、LCD（液晶ディスプレー）、自動車部品、コンデンサー、その他の製品に関する国際カルテル案件に関わった。この時期には事務所の独禁対応チームが強力なチームとして整備されていたので、具体的な業務はチームの弁護士に任せ、チーム編成、大きな方針、重要な局面でのアドバイスという役割が増えていた。

このような国際カルテルに対する訴追は、個人と企業の責任が各々追及される。この場合、特に米国では代理人である弁護士の利害抵触に関する弁護士倫理による規律が厳しいため、企業と役員、従業員の弁護士は同一事務所が代理することは問題視される。したがって、企業とは別に個々人ごとに他の弁護士が代理人として就任する。個人の代理を米国の弁護士と共に代理した経験では、個人の利益を最大限追及しようとすると、司法取引の関係では、上司、上層部の役員の指示で違法行為をしたこと、または彼らが違法行為のあることを認識して容認していた等の事実、証拠を提示して捜査協力をすることが個人の責任の軽減につながるので、そのような事実、証拠はないかということを、従業員の個人的利益を守るために厳しく問いつめることになる。個人の弁護士としては、それをせず、企業、企業の上級の役員を守るような誘導、指示をすると弁護士倫理違反として重大な問題になるからである。このような場合、日本の企業文化で育った従業員は厳しい選択を迫られ、苦渋の決断をすることになる。代理人である弁護士、特に日本の弁護士も、共に悩みながら最善の決断をサポートしなければならない。私の実際に担当した案件で、準備の過程で被疑者がガンの宣告をされ入院したので病院へ出向いて打ち合わせをしたケースがあるが、会社への忠誠と違法行為を無くしたいという思いに悩む会社幹部の方の精神的につらい思いを共有し、弁護士の果たすべき役割に悩んだことがある。日本に於いても、特定の犯罪について他人の刑事事件に関する協力をすることで自己の刑罰が軽減される（不起訴も含む）制度（日本版司法取引）が2018年から導入され、既に幾つかの事件（最近では日産のゴーン元会長の訴追）で用いられている。米国等の例を参考にしながら日本の実情に応じた適切な運用のルールが定着していくことが望まれる。

(4)　独禁法の相談案件

独禁法にからむ相談案件は、ライセンス契約の契約条項、ディストリビュータ契約の条項、共同研究開発の条項等、契約の条項が独禁法違反とならないための検討、または独禁法違反を理由としてこれらの取引条件の変更要求を出来ないかという取引に絡んだ相談、共同での事業、事業提携に関して独禁法上問題はないか等の事業展開をめぐる相談が多かった。

これらの相談案件のうちで相談のレベルを超えてクライアントとともに契約交渉等にかかわり、海外への出張を積み重ねた記憶に残る案件があるので取り上げる。案件は、共同研究開発が独禁法に違反するか否かの相談として始まった。具体的には、APS（Advanced Photo System）の共同開発について、カメラメーカー3社の相談を受け、カメラメーカー、写真フィルムメーカー間の共同開発の条件に関わる交渉へのアドバイザーとして関与をした案件である。

この件は、銀塩写真用のカメラメーカー3社が新興国等の低価格品に対抗して、高品質、高機能の写真システムを共同で開発しようという意図のもとに検討を始めたことに端を発するものである。カメラメーカー３社合計でマーケットシェアが80％前後と極めて高いことから、３社の担当者が独禁法上このような共同開発は可能かという相談に来たことが、この案件に関与することになる発端であった。担当者は相当難しいと考えていたようであったが、共同開発の成果を合理的なリードタイムで他の競争会社に提供すること、その他独禁法違反に該当しないための留意点を守れば独禁法に違反することなく開発を進めることは可能であると回答したところ、３社の担当者は驚くと同時に突然目が輝きだしたことが思い出される。この際の判断には、米国留学、研修で学んだ知識、情報が役に立った。また、公正取引委員会、米国司法省、EU 委員会等に相談しながら進めるべきという方針の提案、具体化については海外での経験が役に立ち、海外で共同してアドバイスすべき弁護士の選任についても、それまでのネットワーキング活動の成果として多くの海外法律事務所と友好関係を築いていたことが大いに役に立った。

その後、フィルムメーカーも最初は富士写真フィルム社（当時）、追ってイーストマン・コダック社が参加し、ますます関連当事者の関連マーケットシェアが大きくなり独禁法をクリアーする難易度は上がった。しかながら、当初の方針に従い、当事者間での合意、情報交換が独禁法違反の疑いを受けないように留意し、合理的なリードタイム、開示情報の開示時期、範囲を各国独禁当局と相談をしながら決定して行ったことで、独禁法上のハードルを乗り越え、共同開発は成功に至った。法務的には大成功であったが、残念なことに銀塩写真の再興という夢は、デジタルカメラの予想以上に速い市場化によりデジタルカメラへの転換が生じ、APS は短命の製品となってしまい、完全には実現しなかった。

この案件の関係者による会合は、新しい写真システム（カメラ、フィルム）が検討されていることが外部に漏れると消費者の買い控えが起こる懸念、共同開発に妨害が入る恐れから、海外の諸都市で機密性を重視して少人数の会議を重ねることで進められた。会議は長時間の多数当事者間の交渉が多く、体力を含め厳しいことも多かったが、新しいシステムを作り上げ世に出すことに貢献しているという使命感もあり、やりがいを強く感じ励みになった。同時に、楽しい思い出も多く育くまれた。会議の場所はシアトル、バンクーバー、アンカレッジ、ロンドン、シラキューズ、ワシントン D.C. 等世界各地に及び、ある時は会議後時間が空いたので、太古の氷河の氷片が川を流れ下るという氷河の名所を訪れ、その帰りにリムジンを停めて河岸で採取した氷河で作ったオンザロックを味わうという貴重な経験もできた。日本の釧路の流氷とは異なり数百万年も前の時代の氷河の氷塊が川に流れ込んでウィスキーのロックの氷として体にしみ込んだと信じている。なお、シラキューズはコダック社の城下町であるが、その地での厳寒の冬の徹夜交渉の合間に、ホテルの部屋に集まりアルコール度数の強い酒で体を温めながら交渉を続けたことも今では楽しい思い出である。

また、各社が極めて重要な案件との認識の下、技術専門家のみならず知財、法務の優秀な人材をつぎ込んでいたことで、法的に高度の判断をし、交渉し、目標を達成して行く過程で、相互に信頼感を持って共に行動したことで「仲間意識」が醸成されたことは、その後の弁護士人生において、法務に携わる良き友を得るという貴重な副産物となった。その後、プロジェクト終了後も年に何回か「ヤングLC会」と称し飲み会を開催し、企業の枠を超えた交流を深めて来た。

当事者間の交渉は、しばしば徹夜になることもあったが、最前線で多数の利害関係者の関与する交渉に参加できたことは、その後の弁護士人生での大きな財産となった。後日写真用フィルムの超巨大企業であったコダック社が米国破産法による救済を受ける事態になるとは、夢想だにしなかった。米国の独占企業の共通の姿勢、文化であるが、独占力を維持、拡大するために、交渉においては絶対に譲歩しない、如何に理不尽でも主張を通す、徹底して自らの主張を押し付けるという交渉のスタイルは、交渉の相手方にとっては忍耐力、粘り、理論的な説得を尽くすという大変な作業であった。カメラメーカーを代理しての契約交渉への参加は、その後の弁護士人生にとって貴重な経験となった。また、独占企業への対抗策としては独禁法を用いた反論が効果的であったことを強く認識し、独禁法の効果的な活用を学ぶことが出来たことも、その後の他の案件での契約交渉等で役に立った。

⑸　企業の買収、統合、提携等の案件

この分野は、大型の統合案件で当事会社の市場シェアが高い場合は、日本のみならず海外の独禁法のクリアランスを取ることが

至上命題になるため、独禁法に基づく分析、アドバイス、当局対応を行う弁護士の能力が案件の死命を制することになる。また、市場シェアに拘わらず、当事会社の規模、売上等の基準の定めに従い企業結合の届出が要求される国が増えており、海外の法律事務所の協力を得て届出を完了し、企業結合がタイムリーに遂行されるように準備をする必要もある。

寡占化が進む中で、最終局面の統合（統合の結果残存する企業数が３社、２社になるケース）が各産業分野で計画されるようになって来て、近年の10年くらいはこのような企業統合の件数が増加した。その結果、独禁法にからむ大型案件が目白押しとなって来た。例を挙げると、飲料酒類業界での統合案件、重電・電機業界での統合案件、石油元売業界での統合案件等は、このカテゴリーでの、私の関与した案件である。

この規模の案件は、M&A担当の弁護士、各関連分野の専門の弁護士に加え、独禁法の分野の専門弁護士が関与することになるが、独禁法のクリアランスを取得することが案件の成否を握るクリティカルな課題となる。したがって、独禁法の専門の弁護士が、問題点の分析、事実把握、届出書作成、当局との交渉を担当し、経済分析のコンサルタント等の専門家と協力してチームで対応する必要がある。また、海外当局との対応において海外の弁護士と戦略を共有し、対処して行くために、国際経験を積んだ日本の独禁法専門の弁護士の関与が必須となる。また、伝統的な独禁法理論のみをベースとすると統合へのクリアランスを取得することは容易ではなく、法律専門家による知恵を絞った分析、立論、説得力ある論理の組み立て等が統合案件の成否に大きくかかわる。弁護士としてはやりがいのある案件である。

(6)　最近の動向

近時、国際カルテル等の大型カルテルの案件が我が国で減少している。海外でも同様の傾向があり、米国でも国内の談合案件等がカルテル案件の中心となっていると聞いている。当局の関心は、GAFA を代表とするデジタル・プラットフォーム事業者に対する独禁法違反、スポーツ、エンターテインメント分野（日本では芸能分野）等における個人（「人材」）を相手とする事業者による独禁法違反という分野に向いているようである。日本においては、公正取引委員会は日本固有の規制である「優越的地位の濫用」という違法行為類型を用い、デジタル・プラットフォーム事業者間の競争減殺につながる行為のみならず、プラットフォームを運営する事業者と取引業者、利用者（消費者）との取引を、「優越的地位の濫用」に該当するか否かという観点で規制する法執行を指向している。また、「人材分野の競争」においても同様の考え方による規制を図っている。弁護士としては、このような分野において専門性を発揮して仕事を開拓して行く必要がある。

カルテル規制、取引規制の分野とは異なり企業結合の分野は、活発な M&A、特にマーケットシェアの高い企業同士の統合、デジタル・プラットフォーム事業者による企業買収等において弁護士の業務が拡大している。デジタル・プラットフォーム事業者に関する企業結合ガイドラインの改定（2019 年）は、この特殊な市場の実態を踏まえて競争に与える影響を理論的に、かつ独禁法の理念に沿って分析し、判断基準を与えるものとなっている。この分野も、独禁法専門弁護士の活躍すべき新規分野である。独禁法は、経済の構造変化、独禁法の執行政策の変化等による影響を強く受ける法分野であり、その動向を見極めて、対応して業務を強化する必要がある。このことを、過去の独禁法の執行の歴史を振り返りながら考えている。なお、余談ではあるが、日本ではデジタル分野のプラットフォームを提供する事業者について、「デジタルプラットフォーマー」と呼称することが一般となっていたが、この用語は「和製英語」であり、正式の英語表記ではないとの指摘がある。「ナイター」、「パネラー」等と同様の和製英語は日本人にはイメージが合い分かり易いのが利点であるが、一応問題意識を持っておきたい。

7　国際私的紛争解決（International Dispute Resolution）

国際訴訟（海外での訴訟）のうち日本の弁護士の関わる重要な案件の多くは、訴訟大国であり日本企業の重要なビジネスの場である米国での日本企業が関与する訴訟である。この場合の日本の弁護士の役割は、訴訟地国の適切な弁護士の推薦、選任、ディスカバリー対応、海外の弁護士への案件の説明、事実関係、法的関心事項のインプット、説明またはそのアシスト、訴訟対応方針のアドバイス等が中心的な役割である。過去においては、日本企業の社内法務に、十分な英語力、海外訴訟経験のある人員が少なかったこともあり、上記のような日本の弁護士の役割は、国際訴訟へ対応するために必須であった。そのため、日本の弁護士が海外の弁護士と同程度の関与をし、案件によっては主導的関与をすることも多かった。しかしながら、近時は、日本のグローバル企業は日本の弁護士にそこまでの役割は期待しなくなっている。日本の弁護士のこの分野での役割は、適切な弁護士の選任、管理、意思疎通の支援、重要な局面でのアドバイス（特に、経営トップの判断のために経験に基づく適切なアドバイスをすること）等になって行く傾向がある。ただし、弁護士の視点では、重要案件において、日本の弁護士が日本企業の関係者からヒアリングをし、社内文書をレビューし事実関係を把握し、法的な問題点、問題意識を整理して海外の訴訟担当弁護士に正しく伝えることは、案件の帰趨を制することになり、日本の法律事務所の関与は必須と考える。文書（特に日本語、日本人の英語の文書）の内容を正確に把握し、関係者の反応、表情の変化、発言の仕方等を直接の面談で把握しながら事実を確定して行くのは、このような専門的能力を有し、日本での紛争、海外での紛争で豊富な経験を積んでおり、日本語がネイティブで、日本の企業風土、企業組織を熟知し、会社・従業員との信頼関係を築いている日本の弁護士が対応することが必要で、その成果を用いることで最善の効果を挙げることが出来る。また、日本と海外の訴訟等の手続の差異を熟知し、その違いを踏まえた訴訟戦略をアドバイス出来るのは海外の弁護士ではなく、日本の「国際弁護士」である。さらに、依頼した海外の弁護士の能力、事務所におけるポジション、性格等を客観的に把握している日本の弁護士が戦略決定、方針決定にしっかりと関与することが、海外の弁護士のアドバイスを正確に理解し、誤った判断を避けるためには必要である。また、海外訴訟の費用は極めて高額になることも多いので、費用を含めた海外弁護士のコントロールをしっかり行うには、海外法律事務所の業務を熟知している「国際弁護士」の関与が、海外弁護士と日本の弁護士を依頼する重複費用の負担への懸念を大きく上回る利点がある。さらに、日本の弁護士とクライアントとのやり取りは米国等の国で認められている弁護士・依頼者間秘匿特権で保護されず開示の対象となる恐れがあるという懸念は、「国際弁護士」である日本の弁護士には米国の弁護士資格を保有している弁護士が多数いるので当てはまらない。また、海外弁護士の指示、依頼による日本の弁護士の行為は海外弁護士補助者としての行為として弁護士・依頼者秘匿特権での保護を受けることも可能であるので、その方法について日本の「国際弁護士」に相談すべきである。日本在住の弁護士を、特に「国際弁護士」を活用すれば海外から弁護士を呼び寄せることなく弁護士・依頼者秘匿特権の下で必要な情報の収集が可能になる。

8　政府調査（Government Investigation）

訴訟に加え国際的紛争解決として重要な分野は、海外当局の調査、訴追等に対する対応である。独禁法の分野では既に、海外の規制当局の調査、審査等に対応する業務が弁護士にとっての重要なプラクティス分野となっている。近時は、当局の制裁が厳しくなり、調査も厳格になって来ており、当局間の国際協力が進んでいるので、国際的な法律事務所のネットワークを駆使して、国際的な防御態勢を組んで対応をすることが必要である。また、この分野では、独禁法分野以外にも、FCPA（外国公務員腐敗行為防止法）に基づく調査、訴追の例が増えている。OECD の条約をベースに、米国以外の国（日本は不正競争防止法に外国公務員への贈賄行為に対する罰則の定めがある）も同様の国内法を制定しているが、実際には、米国の司法省（DOJ）、SEC（証券取引委員会、上場企業への規制機関）が最も活発に調査、訴追をしている。原則として、米国法に基づく執行対象は、米国の企業、米国に何らかの重要なコンタクトのある企業等（国内関係者：domestic concern）であるが、当局は米国法の適用される管轄権を広く解釈（行為の一部が米国で行われた場合、共犯の場合等に管轄を認める）して、海外企業の米国外での違法行為についても調査、訴追するケースが増えている。日本企業も、米国での事業に絡んでの米国外での贈賄行為、米国企業との合弁事業に関連する米国外での贈賄行為、米国子会社の関与する贈賄行為等が問題とされ、米国で訴追される恐れのあることに留意する必要がある。また、SEC は米国で上場（日本企業の ADR の発行のための登録等を含む）している企業については、刑事法に基づいて司法省（DOJ）が訴追する管轄権が無くても SEC の管轄権があると解しているので注意が必要である。私も、日本企業の海外での贈賄行為につきSECが訴追した件で、米国弁護士、英国の弁護士、海外の弁護士とともに日本企業の防御を担当したことがある。

今後、アジア、中東、南米、アフリカでのビジネスが拡大するとともに、米国の司法省、SECのみならず、日本の検察庁による外国公務員への贈賄行為を罰する法律の適用の可能性も高まるので、日本の弁護士も、その対応及び、コンプライアンス体制の整備のためのアドバイスをする機会が増えるであろう。この分野は、日本国内での捜査であるがグローバルな捜査として国際標準による国際水準の法的対応が要求され、国際的経験のある弁護士の関与が期待されることになろう。

9　仲裁（Arbitration）

(1)　仲裁とはどのような手続か

近時、日本において仲裁への関心が高まり、新聞等にも国際的な私的紛争の解決の手段としての仲裁の活用方法等が紹介されることが多くなっている。仲裁は、契約当事者の合意により裁判に代わって契約から生じる紛争を解決する手続である。契約条項で、仲裁地、仲裁機関、適用されるルール等を合意することにより、契約当事者の国籍、所在地に関わりなく任意の国（地域）で、選択した仲裁機関において、合意されたルールに従い契約上の法的な紛争を解決することが出来る。また、仲裁に携わる裁判官に相当する仲裁人については、一般的に、単独仲裁人の場合は両当事者の合意により選任し、３名の仲裁人による場合は各々の当事者が各々１名の仲裁人を指名し、両仲裁人の合意で第三仲裁人を選任することになる。仲裁人候補に関しては、仲裁機関が仲裁人候補のリストを有している例が多いが、一般的には仲裁の当事者はそのリスト以外からも仲裁人を選任できる。また、仲裁人は、弁護士、元裁判官等の法律家以外に案件に応じた専門家を選択することも許されている。仲裁の機関（常設仲裁機関）を用いる場合は、仲裁に関する事務を補助する事務局が設置されており事務的な手続は全て事務局が行う。裁判の場合は裁判所を施設として利用するが、仲裁の場合は当事者の合意で、ホテル、貸会議室、弁護士事務所等任意の施設において手続が行われる。仲裁機関の保有する専属の施設がある場合はその施設を用い、仲裁センターのような仲裁のための施設がある場合はその施設が使われることが多い。仲裁の代理人については、裁判の場合は裁判所所在地国に於ける外国弁護士の規制があるので、一般的には当該国の資格を有していない「外国弁護士」は代理人になることは出来ない。しかしながら、「国際仲裁」においては多くの国で例外的に「外国弁護士」が仲裁代理人となることを認めており、例えば海外での仲裁の代理人に日本の弁護士が就任することが可能である。

以上のように、仲裁は、仲裁合意により、契約当事者の選任した国籍を問わない仲裁人の下で、任意に選択した施設で、裁判と同じ法的効果を持つ仲裁裁定を得ることが出来る手続であり、当事者自治による国を超えた私的な紛争解決が実現することになり、その決定は仲裁地国の裁判と原則的に同じ法的効果を持つことになる。さらに、国際仲裁の裁定は、ニューヨーク条約（加盟国160か国以上）により、加盟国において、原則的に加盟国での判決と同じ法的効力を有し、加盟国において強制執行が出来ることになっている。

また、仲裁において使用される言語は、当事者が合意している場合は、仲裁が行われる国の如何を問わず合意した言語が使用される。仲裁の手続に関しても当事者の合意、合意ない場合は仲裁機関のルール、仲裁廷の決定により、仲裁地国の民事裁判のルール（日本に於ける民事訴訟法）とかかわりなく手続が遂行される、例えば、米国での仲裁でも、当事者が米国流の多大なコスト、時間を費やすディスカバリーを回避する旨契約で合意している場合は、原則ディスカバリーの手続は適用されない。また、そのような合意がない場合でも、仲裁人、仲裁廷の決定により限定的なディスカバリーを採用することも出来る。証拠調べに関しては、IBA（国際法曹協会）の作成した「証拠規則」が採用される例が多いが、この証拠規則では、コモンロー国の証拠開示と大陸法系の国の証拠開示の中間的な合理的なルールを定めている。

裁判は原則国費（当事者が一定の費用を負担する例が多い）で、裁判官は国から報酬を得ているが、仲裁の場合は私的な紛争解決手段であるので、仲裁機関の運営費（管理料金と称される）、仲裁人の報酬（報償という場合もある）を紛争当事者が負担することになる。常設仲裁機関は、管理料金、仲裁人報酬の基準を定めている。原則は、係争金額に応じて決められており、計算式が明示されている、またそれぞれ上限が決められている例が多い(上限の無い常設仲裁機関もあるので要注意)。仲裁の合意において仲裁を行う常設仲裁機関を選択する際に、事前に費用、報酬についてチェックをし、費用の予測をすることは可能である。

以上が、仲裁手続の概要である。

(2)　仲裁と裁判（国内、国外）

日本企業にとって仲裁と裁判のいずれを選択するのが良いかについては、見解が分かれることがある。仲裁の利点については前項(1)で述べたが、裁判と対比して、さらに検討する。

相手方当事者の国での裁判は、裁判官（国によっては陪審員）が全て相手方の国籍であり、国籍による偏見、自国企業の法益保護への配慮等による影響を受けやすい。法務の先進国では、裁判官が公平、公正に判決を下すという信頼は持てるが、法律判断、事実判断において相手方当事者の思考のパターンと親和性があるので、日本企業にとって公平、公正な判断になるかについて懸念がある。他方、仲裁は、仲裁人を国籍を問わず（日本人を含め）選任できる点が長所である。

裁判については、国籍以外にも担当する裁判官の質の問題がある。また、裁判官の倫理観に問題のある場合もある（発展途上国での裁判官等関係者の収賄等のコラプションの問題等)。質、倫理観に関しては、仲裁の場合は、質が高く、倫理観の高い仲裁人を選択することで対処できる。

日本の裁判との対比では、裁判官の公平、公正性、質、倫理観に関しての問題は一般的にはない。ただし、紛争に応じた専門性を要する判断、案件に応じた柔軟な手続の進行等の期待がある場合は、適切な仲裁人を選任する場合の方が利点がある。

仲裁の場合の問題点としては、仲裁人報酬、仲裁管理のための費用を当事者が負担しなければならないことでコストが高いことが短所として指摘されることが多い。しかしながら、仲裁は裁判と違い上級審への上訴が無く仲裁裁定は最終判断であるので、審理期間が長期化せず、関連費用、特に仲裁代理人の費用（一般的には使用時間によるタイムチャージが多い）の節減が計れる。また、仲裁機関による差異はあるが、仲裁人報酬は、係争金額による制限、上限額の制限等で過大な報酬とならないようにコントロールされている。

(3)　日本での仲裁の利点

仲裁一般の裁判に対比しての利点について述べたが、仲裁地を当事者から見て中立的な国ではなく、日本とすることにどのような利点、メリットがあるかを検討する。

日本に於ける仲裁の場合、仲裁人は国籍を問わず選択できるが、仲裁人の便宜から日本在住の仲裁人が選任されるケースが多くなり、日本人または日本在住の日本への理解のある外国人が仲裁人に選任される可能性が高い。また、仲裁のコストの観点から、仲裁の代理人は日本の弁護士が選任されることが多くなり、企業にとっては日本語でのコミュニケーション、日本企業への理解の深い代理人を選択できるというメリットがある。

また、言語が指定されていても、関係者の多数が日本語のコミュニケーションが審理の円滑な進行に寄与すると考え、両当事者の要請にも合致する場合は、日本語でのコミュニケーションが合意の上で採用される可能性があり、メリットがある。

さらに、日本は政治的、経済的に安定し、法の支配、司法の独立、法曹倫理が保障されている国であることで仲裁の円滑な進行が保障されている、また、仲裁裁定に対して仲裁地国の裁判所が干渉（仲裁判断の取消訴訟等を介しての干渉）する恐れは低い。

以上は、日本企業の視点での利点、メリットであるが、相手方当事者に日本での仲裁のメリットを強調して説得するためには、前記の利点に加え、日本での仲裁の仲裁人は日本国籍、居住の有無に限定されず自由に選任できる、仲裁ルール上でも国籍のバランスは考慮されている、日本居住の外国人の仲裁人候補も多数いるという点を強調することになろう。また、仲裁で依頼する代理人に関しても当事者の選任したい「外国弁護士」を選任できるので、日本での仲裁も自国、日本以外の国での仲裁と同じように遂行することが出来るという点も説得の理由となる。日本の外国弁護士に対する規制は、国際仲裁に関しては大幅に緩和されつつあることも説得材料になる。現行法でも「国際仲裁」については、外国弁護士の代理が可能であるが、日本の外弁法が改正され(2020年5月)、日本での国際仲裁に海外の弁護士が仲裁代理人として就任できる要件がより緩和されている。

この点は、日本政府、日本の法曹界が日本を仲裁当事者のいずれの国籍にも属さない第三国として「第三国仲裁」を行なう場所としてプロモートする際の、日本での仲裁のメリットとして強く発信して行く必要がある。もっとも、「第三国仲裁」の場合には、日本の企業が当事者とならないケースなので、日本企業に有利か、不利かという視点での問題意識は関係ないが。

なお、日本の弁護士の関与については、海外を仲裁地として、準拠法が外国法、言語が英語で行われる仲裁では、日本の弁護士が中心となって対応するケースは実際には少ないと思われる。ただ、訴訟に比較して件数が極めて少ないので企業内法務で経験者が少ないこともあり、日本の弁護士で仲裁経験豊富な弁護士の果たす役割は海外訴訟に比較して相対的に高い。また、英語がネイティブ言語ではない国、仲裁経験のある弁護士が少ない国での仲裁に関しては、日本の弁護士が主導的な立場で関与するチャンスは高いかもしれない。また、日本企業にとって日本の弁護士、特に「国際弁護士」の関与するメリットが大きいことは海外訴訟について述べたと同様である（139 ~ 141 頁）。

日本での仲裁、日本語での仲裁（仲裁条項が英語を言語指定していても当事者の合意により日本語で審理を進める場合を含む）等は日本の弁護士が単独、または主導して対応することが一般的である。

⑷　政府の振興策、法曹界の仲裁振興についての動き

近時（2017 年頃から）日本に於ける仲裁を積極的に振興しようとする動きが出てきた。

2017 年 6 月の政府の閣議決定である「骨太の方針」において、

日本に於ける国際仲裁の活性化に向けた基盤整備への取組をすべきことが公表され、これを受けて2017年9月に「国際仲裁の活性化に向けた関係府省連絡会議」が設置され様々な振興策が提案された。実績としては、2018年5月に大阪に「日本国際紛争解決センター（大阪）」が設置され、2020年3月には東京に「日本国際紛争解決センター（東京）」が開設された。これに呼応して日本仲裁人協会、日弁連等の法曹界の団体も、国際仲裁の振興のための様々な行動を起こしている。

元々、国際仲裁では、伝統的にロンドン、パリ、スイス、スウェーデン等のヨーロッパ諸国が仲裁地として選択されることが多かった。その後、アジアの仲裁に関しては香港が仲裁地として選択されることが増えてきた。また、アジアでの国際仲際の需要に応えてシンガポールがアジアの仲裁センターとなることを政府が支援し、最近の10年余で国際仲裁の受任件数が急激に増加している。シンガポールでは、SIACという仲裁の常設機関が1990年に設立され、国を挙げての振興策を象徴するマックスウェル・チェンバーズと呼ばれる豪華な仲裁施設を舞台としてアジアにおける国際仲裁センターとしてナンバーワンの地位を固めつつある。韓国でも国の支援を受け「ソウル国際紛争解決センター」（SIDRC）が2013年に設立され、マレーシアでもAsian International Arbitration Center（AIAC）が2018年に、前身のKLRCAを承継して設立されている。日本での動きは、これらの仲裁センターの発展、各国の国際仲裁の誘致合戦を背景に、これらに対抗しつつ日本での国際仲裁を振興しようとするものである。

国際仲裁の振興のためには、仲裁人候補、仲裁代理人、仲裁事務局の人員等の「人材」の育成、充実、国際仲裁のための専用の施設の設立、国際仲裁を行える法制の整備等が必須である。政府、法曹界はそのための活動を進めている。法整備では、外国弁護士の関与を自由化する「外弁法」の改正（2020年5月成立・公布)、仲裁法の整備等が必要であり、国際仲裁を活性化する方向での法改正が整備・準備されている。

以上については、最近企業向けに国際仲裁のセミナーを開催した際に私の担当部分で用いたパワーポイント（265頁資料参照）が、簡潔に仲裁手続を説明しているので、参考にして欲しい。

仲裁を専門分野とする場合に弁護士として考慮すべき問題点は、仲裁件数（特に日本の弁護士が中心となる案件の件数）が極めて少ないことである。仲裁の専門家、仲裁に関心ありと表明している弁護士でも、本格的な仲裁を多数経験している弁護士は実際には少ない。現状では、折角仲裁を専門としようと意気込んでみたものの、実務経験を積む機会に恵まれない弁護士が多くなるのではないかと懸念している。しかしながら、最近は、前述したように日本での国際仲裁を振興しようとする動きがあり、日本での仲裁の件数が増加するという期待が持てるので、国際仲裁が日本の弁護士の新しい業務分野として確立して行くことを強く願っている。

(5) 国際仲裁の実際と教訓

(i) 最初の仲裁

私自身は、仲裁を、国際私的紛争解決分野の一環の専門分野として取り扱ってきた。日本での国際仲裁の代理を依頼され事務所の弁護士とチームを作り主任として関与したケース、海外での国際仲裁で仲裁地国、またはイギリス、ドイツ等の海外の弁護士と共同で日本企業を代理した経験が数多くある。いずれも、法的争点が複雑で、インパクトのある弁護士としてやりがいのある案件であった。

最初の経験は、事務所に入って早々の米国留学前に、事務所の先輩弁護士と国際商事仲裁協会（JCAA）の国際仲裁の仲裁代理人を務めたケースである。日本の自動車メーカーと米国の自動車ディーラーとの争いであった。この案件は、法的な論点が多々あり、論文でも紹介されている興味ある案件であった。主たる法的争点は、独禁法のような公益的な法律を、裁判ではなく私的な手続である仲裁で解釈、判断、適用することが可能かという「仲裁可能性」（arbitrability）の論点であった。米国のディーラーは、日本での仲裁ではなく、自国企業に有利な判断をする可能性の高い米国での裁判を求めて、仲裁手続は無効である旨を主張して米国で裁判を提訴した。また、仲裁手続を停止するために裁判所で仲裁の停止命令（stay order）を求め、仲裁の進行は停止された。結局、米国の裁判所が、仲裁において米国の独禁法を適用して判断しても良い旨の判決を出したことで、仲裁は継続できた。

学問的にも興味のある論点であり、日米にまたがる国際的な紛争で、アメリカの裁判制度、国際仲裁の仕組みの理解も必要な「教科書」的な案件で、国際的な私的紛争のダイナミックな展開に意気込んで取り組んだ（留学前の英語力が低く、国際私的紛争の経験が未熟な時期で不十分なものではあったが）記憶がある。海外留学を選択した切っ掛けの一つかもしれない。因みに、JCAA については、2003年までは日本語で「国際商事仲裁協会」と称し、英語では Japan Commercial Arbitration Association と称していたので、契約の仲裁条項で仲裁機関を International Arbitration Association と規定していたケースに於いて、JCAA への申立てが適法か否かが争われたケースに関与したことがある。紛争は、どんなことを巡っても起きるもので、この解決にも長い期間がかかったという記憶がある。現在は、JCAA は日本語でも「日本商事仲裁協会」と表現され英文、和文が対応した名称となっている。

(ii)　ICC（パリ）の仲裁

その後、留学、研修から帰国後、日本の弁護士が日本の企業の国際仲裁の代理をする機会が極めて少ない状況の下で、幸運なことに幾つかの仲裁に関与する機会が持てた。

特に記憶に残るケースを紹介する。一つは、日本の大手企業と米国の大企業による人工衛星の納入に関する紛争が仲裁に発展したケースである。当時は、日本の大企業も国際仲裁の経験が殆どないという時期であった。仲裁機関は ICC（International Chamber of Commerce）、仲裁地はパリという当時の典型的な

「国際仲裁」で、共同で代理するイギリス系の法律事務所の弁護士を面接して選任し、仲裁人の選任、事実関係のヒアリング、提出書面のチェック、専門家意見書の準備等を全て共同で遂行した。この機会に、国際仲裁の標準的な手続、勘所を習得することが出来て、国際仲裁に取り組むことについて必要な貴重なノウハウが得られた。書面、証拠のやり取りの後、パリの大規模な改装後の仲裁審問施設でのヒアリングに出廷しようと意気込んで準備していたところ、パリに向けての飛行機の出発予定日の前日に当事者間で和解が成立し、弁護士にとっての「晴れ舞台」に立てなかったことが今でも悔やまれる。この時の経験で学んだのは、外国の弁護士のみでは、日本企業の関係者の行為、言動の真の意味、日本語で書かれた関連書類の意味、証拠価値、インタビューでの日本人技術者、関係者の発言の真意等は正確に把握できないという事実で、国際仲裁において日本の弁護士の関与が必須であることを強く認識した。他方、感銘を受け大いに学ぶべきと感じたのは、国際仲裁という仕組みを作り、その舞台で法律家が活躍し、「颯爽」とした論争をして行く欧米の紛争解決のスタイルである。これらは歴史と文化に裏付けられており見習うべきである。海外での国際仲裁は、日本の弁護士と海外の仲裁専門の弁護士が共同代理で対応するのが最適で、良い結果を得られるというのが、その際の経験に基づく結論である。

(iii)　ドイツでの仲裁

また、日本企業とドイツの企業間での国際仲裁（仲裁のルールはICC規則）では、大陸法系の手続が採用され日本の裁判に近い手続が取られた。相手方の代理人もドイツ人、仲裁人もドイツ人ということで、ドイツの裁判手続に近い進め方であった。まず、仲裁地はスイスのジュネーブであったのを仲裁人、代理人等の関係者が皆ドイツに居住しているので合意の上でドイツの国内で準備会合、弁論を行った。言語もドイツ語であった。ただ、時候の良い時は、日本人に対するサービス精神か、スイスのジュネーブで審理を行う手配をしてくれた。元空軍の軍人の弁護士が主任で、スイスは「大ドイツ」の一部で、確か準拠法はスイス法であったと記憶しているが、スイスの判例はドイツの判例を模倣しているに過ぎないと豪語していた。夜のリラックスした時間には、ホテルに近接したビヤホールでビールを飲み、ジョークだと思うが「今度戦争をするときはイタリアを抜いて日本と一緒にやろう」という発言をささやき、大声でしゃべり歌いお店にいた他のグループのスイス人、アメリカ人等から冷ややかな眼で見られていた。しかしながら、底抜けに明るいドイツ人弁護士と密に交流するという貴重な体験が出来たのは愉快であった。この案件は、日本サイドが仲裁人として指名したドイツの高名な学者が途中で死去したこともあり、当初の目的を達成できなかったのが残念であった。教訓は、相手方企業の母国で、仲裁人、代理人が全て相手方の国籍という環境は、リスクがあるということ、仲裁人は健康状態もチェックして決めるべきという点であった。誤解が無いように、当方の代理人は、アグレッシブに、熱意を持って日本企業を代理し、弁論術にも長けた有能な弁護士であり、仲裁人も中立性を保ち真摯に案件に取り組んでいたことを付言しておく。

(iv) LCIA（ロンドン）の仲裁

他の欧州での仲裁で思い出すのは、日本企業と中東の企業による仲裁である。仲裁機関が、ロンドン国際仲裁裁判所（London Court of International Arbitration、LCIA）であったためロンドンで仲裁が行われることになった。代理人には、イギリスの大手法律事務所の仲裁専門の弁護士で、この世界では著名な弁護士を選任した。この弁護士は、その後独立して仲裁専門の事務所を創設し仲裁人として実績を挙げ、定評ある仲裁の解説書を執筆している。この件は、仲裁準備の作業を共同で続けたが、仲裁地の関係もあり、途中からはイギリスの弁護士が主導し、私自身は必要な時にクライアントにアドバイスをするようになり、クライアント経由で弁護士に意見を伝えるというような関与になった。結局、仲裁では日本企業に有利な仲裁判断が出たが、相手方企業の所在国で仲裁判断を執行しようとしたところ、当該国の裁判所が仲裁判断が無効であるとして執行を認めない（地裁、高裁、最高裁で異なる判断が出たとの記憶）という結果になった。既述したニューヨーク条約も、条約の解釈を執行地の裁判所が恣意的に行うと画餅になってしまうという教訓を得た。

副産物としての教訓についても一言。私は米国に留学したせいか、イギリス英語は聴き取り難く敬遠していた。この案件を担当していた英国弁護士の発言も癖がありフォローするのに苦慮していたところ、主任弁護士の使っていた若手弁護士はさらに聴き取り難くショックを受けた。偶々、カルフォルニア州の弁護士が出向で研修に来ており、その英国弁護士の会話をカリフォルニア英語に通訳してくれたので、会話がスムーズに出来たという思い出がある。イギリス英語も地域によって強い癖があるとのことだった。後年、そのカルフォルニア州の弁護士から日本企業の国際仲裁へのアドバイスの依頼を受けた際にこの話をしたところ、彼もそのイギリス人の英語は半分くらいしか聞き取れなかったとのことで、お互いの若き日の良い思い出話が出来た。

なお、仲裁手続において不当に執行が遅延したり、長期化する例で印象に残っている案件を紹介する。その案件は、インド企業と日本企業との間の仲裁である。仲裁で敗訴したインド企業がインドの国内法を用い仲裁無効、仲裁取消の訴訟を提起し、結果的に10年近く仲裁の確定、執行を阻止した事例である。仲裁は迅速に進んで有利な仲裁裁定を得たものの、インドの裁判手続に巻き込まれたことで異常に長期化した例である。インドでは、訴訟は長期化して、場合によっては、弁護士が親子２代にわたり弁護を継承するケースがあると聞いている。訴訟の代理はファミリービジネス（家業）として延々と引き継がれるのかもしれない。仲裁地国を選択する際の留意点である。

(v)　仲裁判断の国際的執行

仲裁判断の執行に関して日本で経験したケースも、日本でも仲裁判断の執行が法律の教科書に記述されたような額面通りには行かないことがあるという教訓となった。このケースでは、フランス企業を代理した。パリの仲裁で、フランス企業が勝訴し、日本で日本企業相手に仲裁判断の強制執行を求めた事案である。相手方当事者である日本企業の所在地である静岡地裁で「執行判決」を求めたところ、担当裁判官はニューヨーク条約、仲裁法上の執行拒否事由について慎重に判断すべきというスタンスを取り、新たに裁判を始めるかのような訴訟指揮をしようとしたので驚いた。そのため、ニューヨーク条約に従い国際標準による対応をすることを裁判官に対し強く説得した。恐らくフランスでの仲裁が十分な審理をしていなかったという心証と、仲裁で許容した金額が非常識に高額という判断が、安易に執行を認めることを躊躇させていたのではないかと推測している。最終的には、和解により金額を減額して支払いを受けたが、日本においても裁判官によっては執行の段階で仲裁判断の内容に立ち入ってレビューをしようとする傾向があることを認識させられたケースである。

(vi)　知財に関わる仲裁

知財に絡む仲裁で思い出すのは、共同研究開発を巡る紛争で、日本企業と韓国の企業が争った事案である。ICC 規則による東京での仲裁で、契約上の合意された言語は英語であった。仲裁人、仲裁代理人が日本人であったため、一部英語、大部分は日本語で審理が行われた。手続としては、日本の裁判に近い手続が採用された。ICC のアジア地区の事務局は、迅速解決を意識して仲裁人を督促していたので、進行については裁判に比較すると早い進行であった。複数当事者が関与した案件で、当事者選任仲裁人の選任、複数当事者による手続の進行等に関して多々問題があり、このような状況において問題意識を持って対応したことは良い経験になった。

(vii) 仲裁人としての経験

仲裁代理をしていて年齢を重ねると、仲裁人を依頼されることがある。仲裁人は一般的にシニアの弁護士が務める例が多いので、50歳を過ぎて何件かの仲裁で仲裁人に就任した。仲裁代理をするには、仲裁人を経験することは大きなメリットがある。

仲裁代理人の主張、弁論、証拠説明等を判断権者である仲裁人がどのように理解し、どのように手続を進めようとするのかについて仲裁人の立場での体験ができるからである。この経験は、代理人を務める際の戦略構築には大いに役に立つ。特に、3名の仲裁人の例では自分自身の経験のみならず、バックグラウンド、性格、経験の異なる他の仲裁人の対応を直接見聞することが出来たので、様々なタイプの仲裁人についての行動原理、思考回路の相違を見ることができ、得るものが多かった。米国仲裁協会国際仲裁センター（AAA-ICDR）の東京での仲裁の仲裁人に就任したケースでは、AAA-ICDRの仲裁事務局はニューヨークにあり、第三仲裁人として事務局の担当者（弁護士）と手続について連絡を取りながら仲裁手続を進めた。AAA-ICDRの仲裁は、建設紛争仲裁というカテゴリーで、建設紛争の実態に合った仲裁手続を経験することが出来た。AAA-ICDRの仲裁人リストは経験豊富な多数の仲裁人を含んでいること、報酬についての規定はなくタイムチャージの単価は原則的に自己申告であるが、その時間単価がその後に仲裁人を選任する場合の基準となる等と伝えられ、アメリカ的な選択の自由と自己責任によるシステムの構築、運用の実態を知ることが出来た。なお、一定金額以下の仲裁紛争については、仲裁判断に「理由」を記載しないで良いとの規定があり、その理由としては、理由を記載するとその内容を巡って訴訟が提起され仲裁が長期化することを避けるためである旨の説明があり、建設紛争の迅速解決のための手続としての在り方について一つの解決策であると思った。

なお、最近の日本での大型仲裁案件として、仲裁が和解で解決した旨の新聞報道がなされ、仲裁の当事会社双方がニュースリリースでその旨を公表した案件がある（以下は、新聞、ニュースリリースで公表された範囲の情報に基づくコメントである）。この件は、日本を代表する企業間の南アフリカでの建設プロジェクトの譲渡価格を巡る仲裁である。円貨で7000億円強の支払いを求める仲裁の申立てであり、仲裁機関は日本商事仲裁協会（JCAA）であった。仲裁申立ては2017年７月になされた。本案件は、日本を代表する大企業間の紛争であり、金額が巨額であることで注目された。しかしながら、手続の内容について関係者は守秘義務があり手続は非公開のため情報は公開されず、当事会社の公表したニュースリリース等のみが公知の情報となる。その限りでのコメントであるが、この案件はプロジェクトが海外であるが日本企業同士の紛争が、仲裁で日本の常設仲裁機関に於いて解決が求められた先例であり、このような分野においても仲裁が活用される可能性を示したものといえる。仲裁を専門とする弁護士にとっては、このようなインパクトの大きな案件が日本でも仲裁手続により解決されるという先例であり、仲裁専門の弁護士として腕を磨くインセンティブになるであろうと考え、紹介する。

(viii)　仲裁に必要な経験

仲裁は、既に述べたように一般的に裁判に準じた手続であり、訴訟の経験は必要である。ただし、仲裁手続は、裁判のように国ごとに歴史を経て当該国の法曹により磨かれて専門家として訓練された裁判官、弁護士が築き上げた手続とは異なる。仲裁手続は、仲裁当事者、代理人、仲裁人が属する国、法域が異なることを前提とし、各々の関係者の親しんでいる裁判手続には大きな差があることを前提としている。

例えば、コモンローの国、大陸法系の国の裁判手続は大きく異なり、陪審員の存在の有無は手続に大きな差異をもたらす。仲裁では、仲裁人、代理人に、背景とする法域の相違があることを前提としている。したがって、具体的な仲裁の手続は、当事者の合意、仲裁廷の決定で決められる。また、仲裁地国の仲裁法は一般的に公平性、平等性等を要求する以外は実質的な手続の規定は設けていない。したがって、手続は当事者の意向、仲裁廷の判断により決められる。このことは、仲裁の手続について絶対的な基準はないこと、柔軟な対応が可能だということを意味する。一般的に国際標準的な手続はあるものの、それを基準として、当事者の意向を踏まえ、事案の性質に即して迅速かつ合理的な解決を図るのに適した手続が取られる。その意味では、仲裁人は国際標準の手続のみならず、異なる手続での経験があるとともに、それに拘泥せず最適の手続を選択する柔軟な発想と経験を有することが望まれる。また、事案についての専門的知見、実務経験に基づき紛争の本質を把握する能力も要求される。その観点からは、ビジネス、取引、企業活動、企業の紛争解決、紛争に関連する専門分野等に経験、知見を備えた当該仲裁に適した仲裁人を選任することが仲裁制度の長所を活かすためには必要である。また、代理人はそのような仲裁人に対して説得力ある主張、立証をし、決定された手続に則った適切な対応をする能力が要求される。

なお、新型コロナウイルス感染症の蔓延により各種行事が中止になり、東京での仲裁センターのオープニングに伴う記念行事等が延期され、折角の日本での仲裁振興の機運が萎えないかが懸念される。この仲裁振興の機運を継承する為には、日本の法曹界が元気を出して国際的な発信を続けていくことが望まれる。幸いに、新型コロナウイルスの蔓延の惹き起こした問題は、国際仲裁の長所を見直す契機にもなる。裁判と異なり、裁判管轄による規制が無く仲裁当事者の合意、仲裁廷の決定で審理の場所、審理の手続を柔軟に選択できる仲裁は、ITを駆使して新型コロナウイルスによる制約に影響を受けない方法で手続を進めることができる紛争解決手段として、今後一層需要が拡大するものと考える。

最後に、仲裁に関する記述が本書の他の項目に比較して量的に大きくなっていることについて、説明する。現在、日本における国際仲裁の活性化、振興が強く期待されている状況にあり、読者に仲裁について十分理解してもらうことを目的として、本書にコンパクトな仲裁実務の教科書的な役割を持たせたことによるものである。

10　スタートアップ・ベンチャー企業の支援

弁護士、特に若手の弁護士にとって、スタートアップ・ベンチャー企業の創業者とともに企業の立ち上げ、成長の過程に携わることは、楽しく、チャレンジ精神を鼓舞されやりがいを感じる仕事である。私自身が関わり特に印象に残っているのは、現在独立系のトップクラスの企業となっているソフトウェア開発の会社である。社長、会長を務め今も現役で最前線で活躍している創業者が、数人で始めた会社である。

私が面識を得た当時は、従業員も増え会社の発展がようやく軌道に乗ってきた時期である。あるソフトウェアの開発を受託したものの発注者側の指定したソフトウェアの仕様の記載が不十分、過誤を含んでいたために開発が難航し納期が遅延したところ、発注者から大幅に納期を遅延したことを理由に開発の代金の支払いを拒否され、その代金の支払いを請求出来ないかとの相談を受けた。事務所の訴訟分野で最も期待されていた若手弁護士と一緒に対応したが、ソフトウェア開発の実態を裁判官に理解してもらうことに難航して、「納期に完成していないものに対して対価を払う義務はない」という単純な論理に対抗できず、裁判は結局和解で、主張の全てが認められることなく終わった。しかしながら、社長はソフトウェアの開発業者が正当な扱いを受けられるように頑張りたいという信念で、膨大な時間を要する訴訟準備に付き合い、筋を通した戦いを貫いた。

結果的に、膨大な努力、チャレンジは目先では実らなかったものの、この信念が後日同社をこの業界のトップ企業として成功に導いた原動力であったと今は感慨を持って振り返っている。なお、当時ともに戦った役員の方も、北海道で新規に企業を立ち上げ成功している。

訴訟対応は、依頼者とともに、弁護士の情熱が原動力となる。当時この件で主任として頑張った弁護士にかかる思い出を一つ紹介したい。控訴審で準備書面の提出時期の直前に同弁護士が体調を崩したこともあり、準備書面の提出時期の延長を申し入れたのに対し、裁判官が延長の必要性を認めないとの決定を出したため、裁判官との交渉に臨んだ際のことである。裁判官との面接を求め、「これだけ情熱と体力の限界で準備をしている弁護士の努力に対して敬意を払わない非情な扱いは……」と抗議の発言をしている際に感極まって涙が湧いてきた経験である。結局、延長は認められ、最終的に和解の協議の際は好意的な対応をしてもらったと記憶している。

11　プラント等の建設紛争

海外での化学プラント、発電所の設備等の大型建設工事については、日本企業のこの分野の成長著しい時期に、契約書の作成、交渉において相談を受ける機会があった。法務的には専門性の高い分野であり、FIDIC（国際コンサルティング・エンジニア連盟）等の標準約款に関する知識、プロジェクトの進行（発注から、建設、試運転、検収の流れ)、建設工事の種別、“EPC”(設計、調達、建設)契約の構成等についての知識、問題意識が無いと適切なアドバイスが難しい分野である。私はクライアントの関係で、このビジネスの勃興期から相談を受けるチャンスがあり、学びながら知識を蓄積して行った。ただ、企業内に法務専門家が育つに連れ外部の弁護士への相談は減少して行った。契約対応が社内の業務に移るとともに、紛争が生じた際のクレームの対応についての相談、関与が増えたという記憶である。クレームでの争点は、設備の欠陥(品質、性能等)、保証違反、補償、補修義務、納期遅延の責任の所在、納期遅延による損害賠償にかかるものが主たるものであった。それぞれ、係争金額が巨額になり、影響が大きい案件が多く、発注者との間で真剣な交渉が行われ、解決がつかない場合は裁判、あるいは仲裁に至る場合もあった。

私は、化学メーカー、商社、重電関連の企業から相談を受けることが多く、化学プラント、発電設備、鉄鋼の圧延装置等のクレームにつき、社内法務、事業部門と協力して対応した。関連する契約は、発注者に一方的に有利な契約、FIDIC 標準約款に基づく穏当な契約、抽象的で発注者の裁量の余地の広い契約(国内契約に多かった)等であった。事実関係をヒアリングした上で、契約解釈に基づく交渉戦略についてのアドバイスをし、相手方への提案等を依頼者との共同作業で作成する作業に関わった。相手方有利の契約について、苦しみ抜いてアイデアを出し成果を挙げられた場合は、達成感があった。特に、巨大なプロジェクトは、企業にとっては事業の命運をかけたものが多く、真剣に取り組み、経験に基づき知恵を絞り、交渉に成功すると高揚感を持てた。また、海外での国家的な産業振興政策を支援しているとの意義を感じることも出来た。

私が、30歳台の後半に交渉に関与した南米の発電施設の建設プロジェクトは、最終検収試験（Final Acceptance Test）の際に爆発事故が発生し施設が大損傷を受け、補修の可否、補償金額、納期遅延責任等を巡り、厳しい交渉が行われ、私も現場視察、ヒアリング、交渉戦略立案に関与した。その際に現場で実体験したのは日本企業の真摯な対応であった。事故直後に工場の技術者が日本から調査と事故対応に派遣され、殆どバッグ一つの身で現地に飛んで来て解決までは帰国しないことになると語るのを聞き、その覚悟、信念に感動を覚えた。同時に、日本企業は、海外でこのような真剣さと責任感をもってプロジェクトを行っていることを知り、微力ながらも弁護士として役に立てることを誇らしく思ったことを記憶している。この案件は最終的にクライアント企業に満足の行く解決となり、修復した発電施設は実績を挙げ、発注者も満足していると聞いている。

12　企業の社会的責任、ビジネスと人権

企業のガバナスにおいて、企業の社会的責任が強調されるようになっている。利益至上主義の反省から、企業の社会的責任(CSR、corporate social responsibility)を果すため企業が努力すべきことがコーポレートガバナンス・コードにおいても要請さ

れている。近時は、SDGs（Sustainable Development Goals）が持続的成長のための目標とされ、機関投資家を中心とする投資家への投資の指針としてESG（environment、social、governance）基準を採用することが推奨されている。また、企業の行動において人権を尊重する経営が推奨され「ビジネスと人権」という課題に関心が高まっている。以下は著者が、日本でのコーポレートガバナンス分野の動向を日本の弁護士会とパリ弁護士会の合同セミナーで紹介した際のスピーチ原稿の関連する部分の抜粋である（2019年秋）。

【企業統治――コーポレート・ガバナンス分野】

(i)　企業統治にかかる会社法の改正

近時の会社法の改正は、監査役制度の改正、委員会設置会社等の導入、社外監査役、社外取締役の導入等による企業統治の改革を目指しての改正がなされてきた。

企業統治の流れに大きな影響を与えたのは、上場企業に適用されるコーポレートガバナンス・コードの導入（2015年）である。同コードは金融商品取引所の規程で、法令ではなく、「ソフトロー」として原則を示し、comply or explainというアプローチを通じて適用されてきた。しかしながら、事実上「遵守されるべき基準」として定着し、企業統治の核となる規則の性格を有してきている。

(ii)　コーポレートガバナンス・コードとESGへの企業のコミットメント

原則2-3に「上場会社は、社会・環境問題をはじめとするサステナビリティー（持続可能性）を巡る課題について、適切な対応を行うべきである」という原則が規定されており、企業が環境問題、社会問題、人権問題等に適切に対応すべきという要請が高くなり、企業のコミットメントが進んできている。

(iii) 「ビジネスと人権」への関心の高まり

国連人権理事会決議の「ビジネスと人権に関する指導原則」（2011 年）──Guiding Principles on Business and Human Rights がビジネスと人権に関する取組のための国際的な枠組みとなっている。国連総会の採択した SDGs でも言及され、国連責任投資原則の ESG に配慮した投資においても指導原則の順守が求められている。日弁連は、この問題に関する日本企業、日本企業にアドバイスする弁護士向けの手引きとして「人権デュー・ディリジェンスのためのガイダンス」（2015 年）を策定、公表し、次いで「ESG 関連リスク対応におけるガイダンス」（2018 年）を策定、公表し、この問題に関する日本企業、日本企業にアドバイスする弁護士向への啓蒙活動を展開している。

また、この件に関する国別行動計画の策定について日本政府に意見書を提出する等の活動を行ってきた。

日弁連の総会での「宣言」には、今後はガイダンスの内容を企業活動に浸透させ、日本企業が人権侵害リスクを軽減するために内部統制システムの構築をし、サプライチェーン等での人権侵害の防止をはかる取り組みをすること、政府の国別行動計画の充実のための意見表明等の活動を継続することが記載されている。

以上が弁護士会の視点を踏まえた、企業のガバナンスに関する新しい動向の紹介である。

このような動きについては、企業は利益を最大化することが本来の使命であり、社会的責任、環境保全、人権保護等については、本来は企業の責任というよりは、社会の責任で立法、行政、司法という機能を通じて達成すべき目標ではないかという批判もある。また、企業は会社法上株主が企業の所有者（オーナー）であり経営は株主の授権で取締役が行っているので、利益の拡大に反する行動は株主に対する義務に反するのではという疑義も指摘されている。これに対しては、企業における株主の権利を尊重しつつ、配慮すべき株主は中・長期的投資をする株主であり、短期利益を追求する株主は投機目的の株主として無視して、中・長期的投資をする株主は企業の持続的成長を期待するので、企業は社会的責任、環境保全、人権保護等に十分な配慮をすべき、という論理で株主の権利との調整を図ろうとするのが、現在の主流の考えのようである。但し、社会的責任が、完全雇用の実現、解雇の制限、十分な賃金の保障等の社会政策的な要請まで含むとの主張には、企業活動の不当な制約であるとの反論がなされている。法で規制されている「社会的責任」、ESG に関連する法的義務を遵守すべきは当然であるが、法で規制されていない理念的な社会的責任、ESG 目標はどう扱うべきか、また発展途上国、非法治国家において法で許容されている行為について企業の社会的責任、ESG の理念を優先させて遵守すべきという議論については反論もあるであろう。例えば、贈収賄のような行為は、海外での行為にも刑罰が科される立法が世界の主要国で採用され、国ごとにも腐敗行為を違法とする立法が強化されており、法規制があり企業として遵守すべきことは当然であるが、法規制の無い分野でガバナンス上許容される行動の範囲についての判断は、企業にとって悩みのあるところであろう。

日本においては、近時、グローバルに活動する企業にとって、上記の目標を推進する立場で積極的に取り組むことが、事実上法的責任に準じた指針となり、持続的成長を支える経営指針とすべきで、社会的評価を向上させるための義務であるという認識が一般化されてきている。その意味では、企業はESG等には適切に対応すべきという考えが社会的なコンセンサスとなっていると理解して対処すべきと考える。前述の日弁連「人権デュー・ディリジェンスのためのガイダンス」は、サプライチェーンにおける人権侵害を防止するためのCSR条項のモデル条項を提示し、厳しい人権デュー・デリジェンスの実行を推奨している。企業としては、これらを参酌しながら対応して行く必要がある。他方、過剰な要請については、個別に企業が判断をして適切な対応をして行くべきであろう。このような問題の解決は、国際経験を積んだ弁護士が、企業が難しい判断をする際に適切なアドバイスをして行くべき分野となろう。

大局的に将来を見渡すと、株主主権、株主万能主義に対し、会社の社会的存在としての社会への責任、会社のステークホールダーである株主、従業員、債権者、取引先等への責任、経営者のこれらの責任についての決定権とその判断基準等に関して、会社法、関連法令を含めて総合的に、体系化した、時代の要請に合致した法理論の構築、法の整備が要求されている。そのためには、法学者、経済学者、社会学者、政治学者等及びこれらの分野での実務に携わる経営者、労働者団体、法曹界等との協力で議論を発展させて行くことが必要であろう。特に、会社の在り方、ガバナンスの基本を定める会社法の時代の要請に合わせての整備は喫緊の課題であり、弁護士としても知恵を絞り、理論化、体系化の作業、実務への展開に貢献をして行くべきであろう。

13 「不遇」の時代について

弁護士生活は常に順風満帆ではない。仕事が忙しく休む時間、眠る時間が無いことは、体力的な負担感はあるものの精神的には充実感がある。むしろ、仕事がない方が精神的な苦痛が大きい。弁護士業は、定期的、継続的な仕事が平均的に継続的にある業種ではない。また、弁護士への需要は、弁護士が作り出すものではなく、経済の状況、社会における需要という外的要因によって決まる。さらに、弁護士による新規業務の開拓は、即効的に成果につながることは少ない。

私も、海外留学、研修から帰国直後は、従来の国内業務への即時復帰が難しく、新規の業務開拓は国際法務分野の踏み台が無い状況で、極端に言うと「不遇」の時代であったと感じていた。幸いに、インパクトの大きな案件に関与する機会を与えられ、その過程で得られた、海外紛争、著作権、コンピューター法、独禁法等の最先端の実務の経験、これを経て得た知識を活かし、これらの分野を新しい業務分野として開拓することが出来た。ただ、それぞれの分野も、需要の波があり、時代の流れを見ながら重点を移しつつ、業務を継続してきた。「不遇」の時にも、常に新しい分野を開拓するために研鑽を怠らず、長期的な戦略を堅実に続けて行くことが、最終的に持続的な「成功」に繋がると信じてチャレンジして行く他ない、成功を信じて。

法曹を目指す若手、中堅の弁護士でより一層の発展を目指す弁護士、シニアでチャレンジする弁護士に、落ち込んだ時も、僭越ながら、成功を目指して頑張れば夢はかなうと激励したい。

第７章

公益活動

1 弁護士の「公益活動」

弁護士が法律の専門職として国家的に公認されている以上、職業を通じて社会への貢献が期待され、公益に資する活動が要請される。弁護士会でも会員の公益活動は義務付けられている。また、米国の企業法務を専門に扱う法律事務所でも、“pro bono”と称して、主として若手弁護士に公益活動に携わる機会を与えるプログラムを設けている。また、私が弁護士登録をしているニューヨーク州では、弁護士に対して一定の公益活動、さらには弱者（the poor）に対する貢献のための活動が強く推奨されている。

日本の弁護士の公益活動は広範囲に及び、国際的にも水準の高い活動を行っている。このことは日本の弁護士として誇るべきことである。人権侵害の救済、えん罪事件の弁護、消費者問題での被害者救済、公害問題、企業不祥事の追及、海外の発展途上国の法制度整備支援、海外弁護士会との提携、協力、海外法曹団体での人権、法の支配の実現に向けての活動等、多岐にわたり有意義な公益活動が行われている。

企業法務に関わる弁護士は、一般的には、企業を代理していること、業務の多忙さ等から公益活動への参加には消極的であるとみられている。また、公益活動のうち政治的色彩の強い活動は、政治的中立性の要請との抵触、過剰な企業性悪説への抵抗感等から参加を躊躇する傾向もみられる。以下では、自身の公益活動の経験を振り返り、企業法務に携わる弁護士の公益活動への参加、関与の在り方とその意義を考える。

2 「公益活動」の経験

(1) 人権、刑事事件等

弁護士になった初期の時期には、学生運動の活動家で起訴された個人の刑事事件の弁護、えん罪事件の弁護等に関わった。その他、人権侵害の救済、いわゆる公安事件等の弁護にも関与した。

しかしながら、留学、海外研修を終え帰国してからは、日本の「公益、人権活動」に対し、米国での経験から、明確な理由はないがやや違和感を感ずるようになったこと、国際企業法務の実績をつくることに全力を挙げて取り組むようになったこともあり、これらの案件及び弁護士会、弁護士としての公益、人権活動からは暫く遠ざかっていた。

(2) 弁護士会での国際的な公益活動

日本の弁護士の、弁護士会（日弁連、単位弁護士会）を通じての公益活動、人権保護活動は、その理念、活動内容、実績において、世界の法曹界に誇れるものである。しかしながら、海外留学、海外法律事務所の研修を経て海外でのダイナミックな企業法務を経験した後には、この分野での活躍、日本の弁護士の国際的な地位を向上させることに時間を捧げたいという意欲が高まり、弁護士会の活動はしばし封印となった。

ただ、少し余裕ができた時期に、このような環境のもとでも参入しやすい活動、業務の延長線で関与できる公益活動として、弁護士会の活動のうち国際的な公益活動に参加することを思い立った。初めに、第二東京弁護士会の国際委員会の委員長（1997 ~ 1998 年、2000 ~ 2001 年）を 2 回務めた。海外の弁護士会との交流、弁護士会の国際化への啓蒙活動等で国際委員会の基礎作りに携わった。その後日弁連の国際交流委員会の委員長を務めた（2004 ~ 2008 年）。海外の弁護士会との交流、交流協定の締結、提携、日弁連の構成弁護士会である地方弁護士会の国際化支援、法制度整備支援等の活動を充実させることができた。法制度整備支援は日弁連の国際活動としては歴史に残る成果を挙げ、多くの実績を残している。この成果は、国際交流委員会の部会員の献身的な努力で達成されたもので、関係者に対しては心からの称賛の念を持っている。この活動の一環として、カンボジアの弁護士会の設立支援、弁護士の研修の支援等の活動が行われ、私自身もカンボジアの弁護士に対して弁護士倫理の講習をプノンペン等で行った。出席者からの質問は極めてプリミティブなものもあり驚きを感じたこともあったが、参加者の熱意、情熱を感じ、活動の意義を強く感じた。同時に、カンボジアのポル・ポト政権の残虐行為の跡を記す「捕虜収容所」、「キリングフィールド」と呼ばれる処刑場（人間の骸骨が展示されている）を視察し、人間が政治的信念のもと如何に残酷になるかという事実を見せつけられ、人間観、人生観に衝撃的な影響を受けた。別の機会には、壮大な寺院アンコールワットの夜明けの荘厳な風景に心を打たれた。この国の仏教文化と知識人等への虐殺行為の併存に不思議な感慨を抱いた。その後、日弁連の国際関連委員会の活動の調整、国際活動につき日弁連の執行部への助言を行う目的で設置された「国際活動に関する協議会」の議長を務めた（2011 ~ 2015 年）。現在は日弁連の国際戦略につき会長等の執行部に意見を具申する「国際戦略会議」の委員を務めている。

(3)　国際法曹団体での活動

(i)　関心を持つきっかけ

国際法曹団体での活動は、弁護士会での公益活動と弁護士としての業務に関連する活動の複合した活動であった。

国際法曹団体の活動に参加するようになった端緒は、同期の弁護士に勧誘されて AIJA という若手弁護士の国際団体がインドで開催した年次大会（1980 年代後半）にスピーカーとして参加したことである。当時は全くこのようなことに関心が無く消極的参加であったが、経験のために参加して、その意義、楽しさを知ることになり、その後の国際法曹団体での積極的な活動のきっかけとなった。もっともインドは、初めての訪問で、単身で入国。空港出口で物乞いの集団に囲まれ、掻き分けてタクシーに乗り一安心。ところが、運転手に加え補助者らしき若者が乗っており、暫く走行後、突然暗闇の間道へ入り込んだ。ここで強奪行為に遭うのかと覚悟を決めたら、給油のための寄り道と分かりホッとする、というような怖い経験をした。今でも冷や汗とともに思い出す。その後、インドには IPBA、IBA、ローエイシアのコンファランス、インドでの仲裁案件の対応、法律事務所のネットワーク構築のためのインド法律事務所の訪問等で合計30回以上は出張している。

(ii) IPBA

① IPBAの創設――事務総長へ

その後、日本の法律家を中心にアジアの弁護士を中心とする法曹団体として1991年に創設されたIPBA（環太平洋法曹協会）の活動に、創設メンバーの一人である三宅能成弁護士に勧誘されて参加するようになった。アジアの同世代の有力弁護士と面識を得て、親密な関係を築くことが出来たことが、その後の人脈として役立った。IPBAはビジネス法分野の活動が中心で、アジアの弁護士を中核とする団体であり、ここで学んだこと、人脈は弁護士としての活動において大きな財産となった。また、長期にわたる真の友人を得たことはそれ以上の人生における宝物である。IPBAでは事務総長を務めた（1999～2001年）。国際法曹団体の統括、リードをすることの難しさを学び、苦しんだが、貴重な経験となった。また、日本の弁護士で国際活動に熱心に取り組む多くの方と知り合いになれたことも有難かった。

IPBAは、第一回の創立総会が東京で開催された（1991年）。初代の会長は、濱田邦夫弁護士、事務総長は三宅能成弁護士で、日本を発祥の地として日本の弁護士の主導により設立された国際法曹団体である。2019年末現在は、66か国（地域）からの1,697名の会員を擁する大組織となっている。アジア・太平洋地域に居住する法曹、もしくは環太平洋地域に関心を持つ法曹が中心となり、ビジネス法、企業法務を専門とする弁護士が中心メンバーである。私は、第一回大会には弁護士会の国際委員会の関係で一応顔を出すという軽い気持ちで参加した。500人程度が参加する大会で、それなりの興味をもった。その後、IPBAは、三宅弁護士を中心とする9名の弁護士（海外の弁護士が多数）が同弁護士の勝浦の別荘に集まり、アジアの弁護士にとって理想の国際法曹団体を創設しようという精神（“勝浦スピリット”として伝えられている）の下に創設されたということを学び、また日本を発祥の地とすることで日本の弁護士が中心となって会を支えて行くべきということを同弁護士から聞かされ、その精神に共鳴して継続して積極的に参加するようになった。同弁護士は、初代事務総長を務めたが後任が必要となった。同弁護士は、勝浦スピリット、日本が発祥の地である理念を継続するために事務総長は日本の弁護士が就任して、組織を支え、運営すべきとの強い意志を有していた。そのため、同弁護士の後任の江尻隆弁護士の後任として私が事務総長を引き受けるよう強く説得された。当時、IPBAの会員数が増加しアジアでの存在感が高まったこともあり、日本人以外の会員の中で、日本主導の運営への批判が出ていたこともあり、事務総長を日本以外から選任すべきと強く主張する一派があったようである。国際法曹団体の運営経験は無く、会員間の意見対立の調整の経験、さらにはIPBA自体への十分な知識の無い状態で、突然紛争の渦中に投げ込まれたという状況であった。批判派への対応は、三宅弁護士、江尻弁護士が担当するので、私は日本の支配権維持に強硬な立場をとっている強硬派の代表を装い他は何もしなくて良いとの指示のもと、激しい議論のやり取りに巻き込まれた。状況を十分把握しないまま、先例としては4年の任期であった事務総長職を2年の任期務めることで決着して、事務総長に就任した。

就任の経緯が変則的であったので、何となく批判派の弁護士からは好意を持たれていない様子もあり、居心地の良いポジションではなかった。しかしながら、国際法曹団体の運営に携わり、中核メンバーと緊密な関係を築けたことは、貴重な成果であった。特に、アジア地域の経済発展に伴いアジアでの法律業務が拡大する時期に、アジア各国の有力弁護士との親密な関係を有していることは、役立った。IPBA の活動の成果は、大会のセッションで得る収穫、仕事への寄与というよりは、有力メンバーと一緒に飲み、食べ、ゴルフをプレーするというような社交的な付き合いから得たものであった。そのような付き合いから生まれる信頼感が真の意味で価値があったと思う。特に、IBA、ABA 等の欧米で発足した法曹団体と異なり、個人的な信頼関係がベースとなる人間関係は、アジアの弁護士に共通のものと強く認識した。

② 海外でのプロモーション

次に、IPBA の海外でのプロモーションに取り組んだ活動を紹介する。

IPBA は、アジアを拠点とする国際法曹団体として発足した。しかしながら、米国、ヨーロッパの法務先進国の弁護士にも関心を持ってもらい、IPBA のメンバーとして参加をしてもらうことで、国際的な法曹団体として認知してもらう必要があるとの認識のもと、IPBA の欧米でのプロモーションのための活動の強化が検討された。そのための第一弾が、IPBA の中核メンバーによるヨーロッパ、米国でのセミナーである。ヨーロッパでは、日本から私、他にはシンガポールの弁護士、韓国の弁護士、マレーシア、フィリピンの弁護士等でチームを組んで、ヨーロッパの現地の弁護士向けのセミナーをヨーロッパ各都市で連続開催した。強行軍で、ウィーン、ロンドン、パリ、ローマ、その他の都市を日単位で飛行機で移動しながら回り、アジアの法律実務を紹介し、IPBA の宣伝をした。例えばウィーンでは夜遅くに空港からホテルに到着、モーツァルトの音楽を聴きながらチェックイン、睡眠。翌日はセミナーをやり、終了後直ちに次の目的地に飛び立つという忙しい旅であった。疲労の極みで身体的にはきつかったが、使命感、スピーカーチームの一体感で乗り切った。当時は、「アジアの法律家」＝「後進国の法律家」という冷たい視線も感じたが、現在では、IPBA のメンバーに多くのヨーロッパの弁護士がいることは努力が報われたものと嬉しく思っている。

また、米国でのツアーによるセミナーは、同様のメンバーで翌年に行われた。ニューヨーク、ワシントン D.C.、アトランタ等で連日移動しながらのセミナーであった。ヨーロッパと同様に体力の限界に挑む過酷なツアーであった。私は、スピーチの最初に「軽いジョーク」で聴衆を和ませることを心掛けていたが、毎回同じことを喋ると同行しているスピーカー仲間にうんざりされることもあり、毎回異なったジョークを考えることに苦労をした。比較的受けたのは、NY（New York）からアトランタに移動して同地の弁護士向けのセミナーの冒頭で、大リーグのNYヤンキースとアトランタ・ブレーブスがワールドシリーズで対戦していたので、「We came from New York, but we are not Yankees. We are Asians.」と言って自己紹介をしたら、笑いと拍手で「受けた」と記憶している。

③ 2021年東京大会へ

事務総長の件は、私の後任の日本の弁護士が2年務めた後にシンガポールの弁護士が事務総長に選任され、日本人事務総長の永続という原則は崩壊して今に至っている。メンバーの構成、会員の大勢の意向からするとやむを得ない選択であった。ただ、アジアの国の弁護士も、役員等の重要なポジションへの争いには真剣で熱心に取り組み、戦略を用い、権謀も尽くしながら取り組むのは欧米の弁護士と同じであり、日本人のように周囲が押してくれるので引き受けるという「国民性」とは異なることを実感させられた。その後、ABA、IBA等の組織でも同様の経験をすることがあり、日本人の良き文化、伝統は、海外では必ずしも理解、評価されないことを強く感じた。これから国際法曹団体での活躍を目指す弁護士には、国際法曹団体においては、国際標準、国際水準の戦略と意欲を持って参加し、活動の価値を高め、後輩のために指導的なポジションを獲得、確保する欧米的な戦略で対応することをお勧めする。

なお、2021年には、IPBAの年次大会が東京で開催される予定であったが新型コロナウイルスの影響で、翌年に延期された。日本発祥のアジア最大の法曹団体の存在感を示すために日本の法曹界の積極的な支援を期待している。私は、日本の組織委員会のアドバイザリーボードのメンバーとして支援している。特に、若手の法曹の方々には､地元で開催される絶好の機会でもあり､国際法曹団体での活動に積極的に参加し､学び又楽しんでもらいたい。

ⅲ　ローエイシア

①　日弁連が会員に

ローエイシアは1966年に発足した歴史のある法律家の国際団体である。2005年には東京で年次大会が開催されている。最近では、2017年に東京で年次大会を開催し大成功を収めた。私は日弁連がローエイシアの団体会員となった後の初代の日本代表理事を務め、執行委員会のメンバーとなり活動に積極的に参加した（2002～2007年日本代表理事、執行委員会委員）。当時、ローエイシアの執行委員は、固定化しており長期就任者が多かった。会長は、執行委員を務めたメンバーが順番に就任し、執行委員会では、いずれ日本の執行委員に会長職が回ってくるという雰囲気であった。ただ、5年の経験から見て、組織が強固ではないこと、ビジネス部会の活動レベルが低調であること等から、アジアの弁護士会の連合体として弁護士会の直面する諸問題を取り上げ、それを中心に活動することが成長の道と個人的に考え、日弁連の会務に真剣に取り組んでいて、実績を挙げている弁護士に日本代表理事、執行役員の役職を引き継いでもらった。その後、アジアの弁護士会の「連合体」としての機能が強化され、ビジネス部会、家族法部会も活性化が図られていることは喜ばしいことである。ローエイシアの東京大会が成功したのは、日弁連の強力な支援の賜物であり、アジアの弁護士会の中で日弁連の存在感を大いに高めることになった。

② ローエイシア友好協会、ABLF

ローエイシアに関しては日本人メンバーからなる「ローエイシア友好協会」があり、私も役員を務めている。この「ローエイシア友好協会」と、国際民商事法センター、商事法務研究会が共催し、この日を以って設立された「アジア・ビジネスロー・フォーラム」（ABLF）が主催する「アジアにおけるビジネスと法」セミナーが、2020年1月29日に開催された。ABLFはアジアにおけるビジネスと法との関係を、ビジネスに直結する法務の観点からのみならず、アジアにおける法の支配の確立、ビジネスと人権、環境保全等の公益的観点からも検討、論議をするフォーラムを目指していると理解している。このような分野に関心を持つ法曹関係者が切磋琢磨する場となることを期待している。

(iv) IBA

① IBAへの関与

IBA（International Bar Association、国際法曹協会）は、歴史があり（1947年設立）、活動が活発で、事務組織、財務基盤の強固な国際法律家団体である。現在の会員数は、170か国からの個人会員が8万人以上、世界の190の弁護士会を団体会員として擁する世界最大の国際法曹団体である。

歴史的には、LPD（Legal Practice Division）という部門が中核で、LPD及びその前身のSBL（Section of Business Law）は企業法務に携わる弁護士にとって、国際的な最先端の実務について情報及び意見交換を行う場であり、共通の実務分野の弁護士との国際的なネットワークを構築するために最適の組織である。私自身は、IBAのメンバーの海外の弁護士から、1989年にストラスブルグ（ストラスブール）で行われたSBLの大会に国際訴訟のセッションのスピーカーとして招待され、夫婦で参加したのが最初のIBA体験であった。当時は、欧米、特にヨーロッパの弁護士を中心とした組織で、アジアからの弁護士の参加は極めて少なかった。カナダの弁護士が私のセッションのチェアで、アジアからの弁護士は国際会議は不慣れであろうとの親切心で、前日に個人指導のリハーサルの機会を設けてくれた。また、夜には各法律事務所の開催するレセプションの“hopping”（多数のレセプションを飛び回り顔を出して挨拶をして回ること）に同行して他の会員を紹介してくれたことが、今でも感謝の念とともに思い出される。

その後、IBAの活動に積極的に参加すべきと考え、ロンドンへの出張の機会を利用して当時の会長で、英国の大手法律事務所のシニアパートナーであった弁護士との面談の機会を設けてもらった。IBAの活動に積極的に参加する条件を確認したところ、英語が流暢（フルーエント）であること、ヨーロッパで主として行われるセミナー、会合に半分以上参加すること、費用を自ら負担できること等が必須と説明を受けた。当時の状況では日本の弁護士には到底達成困難と思われる条件であり、検討してみるということで、この話は暫く中断状態となった。

その後に、独禁法分野の実務の国際化が進むに連れ、独禁法分野の海外の弁護士との交流が深まった。その一人が、IBA、ABAの独禁法関連の委員会、部会の活動の中核を担う弁護士でもあったため、IBA、ABAの独禁法関連のセミナー、コンファランス等でスピーカー、パネリストを依頼され参加するようになり、その過程を通じて、IBAへの関与が深まった。その延長線で、このIBAの後に会長となる弁護士（Michael Reynolds弁護士）からの推薦で、IBAのアジアでの活動を統括するAsia Pacific Regional Forum の副議長、議長（2014 ~ 2016年）を務めることになった。

② IBA東京大会の準備

前記の経緯から、IBAとの関係は企業法務を扱う弁護士として個人会員としての活動が出発点であった。その後2014年に東京でIBAが年次大会を開催することが決まり、当時国際活動に関する協議会の議長であったため、日弁連としての支援の責任者になった。日本での開催は、多くの日本人弁護士が関与して実現した。その段階では私自身は側面援助に関わったのみで、日本への招致に尽力された方々の努力に、先ず敬意を表したい。

東京での年次大会の開催準備は、その2年ほど前から始まり、開催国のホストコミッティを組織する必要が出てきた。当時のIBA会長が日本の川村明弁護士であったので、同弁護士がホストコミッティの会長に就任し、私が副会長としてホストコミッティの実務を取り仕切ることになった。また、日弁連の支援は必須であったため、国際活動に関する協議会の傘下に「IBA東京大会対応プロジェクトチーム」を組織し、私が座長に就任し支援体制を固めた。IBA の中核部門の LPD との関係では国際法律業務に従事している日本の法律事務所の積極的な参加、支援が必須であり、IBA のもう一つの重要な活動である弁護士業務関連の Bar Issues Commission 関係の活動、人権関係の活動に関しては日弁連の積極的な参加が不可欠であるため、ホストコミッティは、弁護士会代表と法律事務所代表をメンバーとして、弁護士会関連の活動は日弁連のプロジェクトチームが担当するという組織とした。この組織構成は効果的に機能し、日本の法律事務所と日弁連が両輪となり大会を成功に導いた。

さらに、効果のあったのは、日本の企業内弁護士、企業法務部門の参加への勧誘であった。問題としては、IBA の登録料が高額であったこと、また登録料を支払った登録者以外はコンファランスに参加できないので数日間の大会に企業に勤務しながらその間数日勤務を抜けて参加というのは困難であるという問題であった。IBA のオフィシャルの規定によると、例外は絶対「NO！」と言われた。そこで、日本に於ける企業内法務の重要性、弁護士資格を有しない優秀な法務部員が日本の企業法務を支えている等の日本の特殊性を強調して、IBA 事務局 No.2 と交渉した。結果は、企業内法務については登録料を減額する、登録したパスは同じ法務部門のメンバーが共用できるという条件を勝ち取ることが出来た。このことの効果もあり、企業内法務部門からも多数の参加登録があった。また、ホストコミッティには、企業内弁護士の団体の代表、企業内法務の団体である「経営法友会」の代表幹事にもメンバーになってもらい、IBA 東京大会は、日本の「オール法務」に支えられることで、大会の成功に繋がった。

③　**東京大会の成功**

東京大会は、6,000人を超える参加者となり、東京サイドで企画した歓迎レセプション、丸の内仲通での“ウォーキングパラダイス”（後に丸の内仲通の歩行者天国として引き継がれることになった）、多数のセッション、開会式、閉会式等は日本の弁護士による温かい歓迎を象徴するものとして大きな称賛を受けた。特に、開会式は、天皇、皇后両陛下（当時。現在は上皇、上皇后両陛下）の臨席のもと安倍首相のスピーチがあり、格式の高い、印象的な開会式を実現でき「過去最高の開会式」との評価を受けた。また、天皇、皇后両陛下には、開会式の後にIBAのリーダー、参加国の弁護士の代表者等、約100名を招待しての謁見の機会を設けて頂き、代表者数十名に直接お話をなされ、握手をなされる等感動的な謁見となった。また、個人的に晴れがましい思い出となったのは、謁見の事前打ち合わせのために皇居に伺った（川村弁護士と私）際に、1時間近くIBAの活動についての説明、質疑の機会を持たせていただいたことである。カジュアルな服装で、皇居内の気取らない簡素な応接室で両陛下と対面して直接会話が出来たことは、人生のなかでも最も名誉であり、得難い思い出となった（IBA東京大会の詳細については、下記「自由と正義」（日弁連刊行）に寄稿した記事を参照して頂きたい）。開会式前に天皇、皇后両陛下を会場入り口で、当時のIBA会長、前IBA会長とともに出迎えたこと（190頁写真参照）、謁見で皇后陛下のエスコート兼通訳を務めたことも思い出深い。もっとも

開会式で主賓を迎えるIBA前会長（左）、IBA会長（中央）、筆者（右）（2014年）

皇后陛下は素晴らしい気品のある英語で自ら直接謁見者に話しかけられ、通訳の必要は全くなかったので、通訳の大役に緊張していたものの出番はなかった。

IBA東京大会～日弁連の取組と東京大会の成果

第二東京弁護士会会員　内田晴康　*Uchida, Harumichi*

1　IBAの活動と日弁連の関わり

IBAの正式英文名称はInternational Bar Associationであり、日本語では国際法曹協会と訳されている。IBAは国連の設立に触発され、1947年に設立され、世界各国の弁護士会及び個人の弁護士が加入する世界最大の国際法曹団体である。IBAには2014年時点で55,000名以上の個人会員と、団体数で206の弁護士会が加盟している。IBAの設立の目的は、法の支配の確立と正義の実現を国際的に推進することである。

組織構成は理事会が最高意思決定機関であり、役員としては会長、副会長、事務総長等が執行の中核となる。また、LPD（Legal Practice Division：法律実務部会）、PPID（Public and Professional Interest Division：公益及び専門職関心事項部会）が二大部会で、PPID の傘下に BIC（Bar Issues Commission：弁護士会問題評議会）、HRI（Human Rights Institute：人権問題評議会）等が組織されている。これらの部会の下に 70 以上の委員会がある。日弁連は 1951 年に団体会員として加盟し、現在理事会に理事２名を出している。

IBA は毎年秋に世界の異なった都市で年次大会を開催している。IBA の会員多数が同時に集まり、また理事会が開催される最も重要なイベントである。その年次大会が 2014 年秋に東京で初めて開催されることになった。

2　東京大会に向けての取組

(1)　東京大会準備プロジェクトチームの発足

2011 年になって、日弁連内で IBA 大会の準備に取り組むための組織についての検討が始まった。その結果、国際活動に関する協議会（協議会）内にプロジェクトチーム（PT）を組織することが決定され、中核メンバーを決め筆者が座長に就任した。2012 年６月８日に、説明会や公募で募集したメンバーを追加した拡大 PT の会合が開催された。この PT 会合が IBA 東京大会に向けての実質的な第１回会合、キックオフと位置付けられる。PT による東京大会支援活動の目標は①日本の弁護士、日弁連が東京大会に積極的に関与し参加することの支援、そのために大会のセッションのテーマに日本の弁護士が関心のあるテーマを入れ込むこと、スピーカー等として推薦することその他日本の弁護士の参加を促進する方策を講じること、②日本の弁護士・日弁連の国際的な存在感を高め、また IBA に多様性の提供で寄与すること、③このような活動を通じ、日弁連・日本の弁護士の国際化を推進することであった。

⑵　PT の主要な活動の紹介

PT 発足以来 IBA 東京大会までの間に、計 17 回 PT 会合が開催された。 PT の活動は当初模索状態で始まり、活動を通じて徐々に実績を積み上げていった。以下に PT の主要な活動を紹介する。

PT 発足後ダブリン（2012 年)、ボストン（2013 年）で年次大会が開催され、その際に PT が中心となり東京大会への参加勧誘、IBA 執行部との準備会合等を行った。

また、東京大会まで残り 1 年弱となる 2013 年 11 月には、日弁連と IBA の共催で「アジア地域での国境を超える法律サービス―発展とその将来」というテーマでのコンファレンスを開催した。PT が企画、立案を主導したこのコンファレンスは“ミニ IBA 大会”ともいうべきコンファレンスで、IBA 東京大会のプレイベントとして国内外で東京大会への関心を高めるのに大きく寄与した。

その他、会内、メディアへの広報のための連続セミナー、PT 座長名での IBA 部会長、委員長へのスピーカー推薦、テーマの提案のレター作戦等、活動目標にのっとった活動を 3 年にわたり積極的に展開した。

3　IBA 東京大会

IBA 東京大会は 10 月 19 日の開会式に始まり 10 月 24 日のクロージングパーティまで、6 日間にわたり 200 以上のセッションが並行して開催される大コンファレンスであった。海外から 130 か国以上の国々の弁護士約 6,300 人が参加し、国際的な弁護士のコンファレンスとしてはアジアで最大規模のものとなった。PT の努力が実り日本からは約 650 人が参加登録した。前回のボストン大会は 100 人弱の参加登録であったので、参加者が 7 倍近くとなった。

⑴　大会のプログラム

東京大会のプログラムは、大別すると①全体セッション（General Interest)、②委員会セッション(Committee Programme)、③交流プログラム(Social Programme)からなる。これらの公式のプログラムに加えて、会員以外も参加できるシンポジウム、若手弁護士に対するトレーニングセッション等が並行して開催された。ここでPTの成果の象徴的な出来事を記したい。IBAは英語のみを公用語とする組織であるが、歴史上初めて日本語への同時通訳をIBAの費用負担で導入した。同時通訳セッションは約20セッションで、日本の弁護士が関心を有すると想定されるものをPTが選択した。

⑵ 開会式—感銘と感動

東京大会の開会式は、IBAの会長からIBA史上で最高の開会式であったと称讃され、参加者から大変素晴らしいとの評価を受けた。開会式は、PTが協力して、ホストコミッティの主導で準備が進められた。天皇皇后両陛下の臨席、首相の開会の挨拶に始まる開会式は、海外からのゲストを国を挙げ歓迎する姿勢を示すものとして参加者に感銘を与え、日本の法曹の力・存在感を国際的に強くアピールでき、PT座長として、その成果に達成感と感動を覚えた。

⑶ 全体、委員会セッションの紹介

全体セッションは、参加者が共通に関心を有するテーマを取り上げスピーチ、パネルデイスカッション、会場での質疑等の形式で行われた。テーマは、「ビジネスと人権の融合」、「ウクライナ—ロシア危機の解決に向けて」、「北朝鮮の人権問題」、「腐敗防止、特にアジアに焦点を当てて」等であり、法律家が最も関心を持つ最新のテーマにつき活発な討議が行われた。

委員会及び部会のセッションは、70を超える委員会と各部会、人権問題評議会等が5日間の会期の中で、多数のセッションを設けて並行して行い、合計では200を超える数であった。人権関係、公益関係のセッションについては別稿に譲り、LPDのビジネス法分野のセッションの一つを、IBAのセッションの意義、充実した内容を示す一例として紹介する。独禁法委員会のセッション「アジアの独禁法当局トップによるラウンドテーブル」は、IBAのアジア・太平洋地域フォーラム（地域ごとの組織）が共催し、公正取引委員会、日本の競争法フォーラム（日本の独禁法を専門とする弁護士の団体）が後援し、PTメンバーが協力して実現したセッションである。中国、シンガポール、フィリピン、さらにはミャンマー等アジア18か国の独禁法当局のトップが一堂に会し、執行の現状、問題点、今後の動向等について発表し、会場の弁護士からの質問に答え意見交換をする機会を持った。アジアでの独禁法執行の強化という時代の潮流を反映する歴史的、画期的なイベントであった。

⑷　交流プログラム

年次大会の目的の一つは、国際的なネットワーキングの場、国際的な人脈を創る場を提供することである。その場としては、IBAが公式に設けた朝食会、昼食会、夜のレセプション、パーティに加え、現地及び海外の弁護士会、法律事務所が開催するレセプション等がある。開催地弁護士会による公式交流プログラムである日弁連主催の歓迎レセプションは、弁護士会館講堂クレオで開催された。PTの企画部会が中心となり準備し、そろいの法被で出迎え、手作りの展示、日本酒のサービス等、心和む「おもてなし」を自前の会館で行ったことで、参加者に日弁連の歓迎の誠意を伝えることができた。1,400名が参加し、盛況であった。また、日弁連執行部は大会期間中にIBA大会に参加している英国、中国、韓国、トルコ等の弁護士会と個別会合・交流会を持った。

4　まとめ―今後のIBAの活動への取組

IBA東京大会は「大成功」との称讃を参加者から受け無事終了した。PTの座長として日弁連執行部、PTメンバーに心から感謝するとともにIBA東京大会招致に関与した皆様に心からの敬意を表したい。IBA大会への積極的関与を通じて、国際的に日本の弁護士の存在感を高め、日本の弁護士が国際的に活躍するバネとするという目的は達成できたと感じている。しかしながら、大会の成功の余韻に浸るだけでは成果を食いつぶすのみということになる。この成果を踏み台として日弁連、日本の弁護士の国際的な活動の一層の発展を目指すべきである。そのために、日弁連内または独立した組織として、日本の弁護士のIBAでの活動を支援し遂行する永続的組織を設けるべきであろう。今後、IBA東京大会の成功に共に尽力した会員を中心に将来を見据えた計画を立案・実行していきたい。
〔日弁連IBA東京大会プロジェクトチーム座長〕

（自由と正義2015年4月号93頁より）＊無断転載禁止

IBAウィーン年次大会レセプション（筆者ー手前中央）（2015年）

IBA ウィーン年次大会で妻と（2015 年）

セッションの中で特に記憶に残っているのは独禁法のセッションである。IBA 大会に並行して公正取引委員会が主催する東アジアの独禁法執行機関のトップが集まる会合が持たれたことを受けて、公正取引委員会の協力の下で、同会合に参加しているトップのメンバーにセッションに参加してもらい、ラウンドテーブルによる討議をお願いし実現したことである。また、会合に参加しているメンバーとのランチ、IBA の独禁法関連のセッションへの招待は好評であった。この企画を実現するについては、IBA の会長が独禁法を専門とする弁護士であり、私も独禁法を専門としていたこと、公正取引委員会の委員長を含む三者の間で信頼関係があったことが、この歴史的なセッションを実現することを可能にしたと考えている。

(v) ABA

ABA（米国法曹協会）は、主として独禁法分野のセクションでの活動に関与した。

ABA 自体は大組織のために、全体での総会は巨大な規模であり、独禁法部会（Section of Antitrust Law）が独禁法分野の弁護士が参加をする最も人気のあるコンファランスである。春（3月または4月）に開催され“Spring Meeting”と名付けられている。このコンファランスには国際的に活動する独禁法に関心ある弁護士の多数が参加し、独禁法実務に携わる弁護士にとっては、最も重要なイベントである。各国独禁法当局のトップ、幹部も多数参加する独禁法分野の祭典ともいえる年次行事である。この機会に米国の司法省の反トラスト局長（独禁法の執行のトップの責任者）が独禁法の執行政策に関するスピーチを行い、その発言が司法省のその年の執行方針となるため司法省の執行方針を知るための貴重な機会でもある。後述する競争法フォーラムの設立のきっかけとなったのは、当時の公正取引委員会委員長及び幹部がその場に立ち会い、日本でも当局と弁護士との間で同様の舞台を作れないかと考えたことに端を発し「競争法フォーラム」が創立されたことからも、その影響の大きさを知ることが出来る。

(4) 競争法フォーラムの創設と活動

私の業務分野に関連する公益活動として、競争法フォーラムの設立とその後の活動を紹介したい。「競争法フォーラム」は、上記の ABA の独禁法部会の活動に感銘を受けた公正取引委員会委員長の意向を受けた当時の事務総長と、独禁法実務務に携わる弁護士の有志が協力して設立した、独禁法実務に携わる弁護士の団体である。2005年に設立され、初代会長は伊従寛弁護士が務め、私が2010年から2015年まで二代目の会長を務めた。競争法フォーラムでの公正取引委員会委員長の講話と年次総会は、ABAの年次総会を念頭においたものである。また、総会後の懇親会で公正取引委員会の幹部と実務に従事する弁護士が懇親を図る機会を持てるようになったことで、同じ業務に携わる当局と弁護士の交流のための共通の土俵を作るというフォーラムの目的を達成したことになったことは、成果として誇ることが出来る。また、セミナー、会員向け研修会、対外的意見表明等の活動も充実して、独禁法実務の発展に大きく寄与していることは創設メンバーの一人として誇りに思っている。

以下、競争法フォーラムのホームページより、競争法フォーラムの概要を説明した抜粋と、私の会長就任の挨拶、退任の挨拶の抜粋を掲載し、競争法フォーラムの活動の紹介とする。

【競争法フォーラム（Japan Competition Law Forum）とは】

概要

競争法フォーラムは、独占禁止法を専門にしている、または専門にしようとしている弁護士・外国法事務弁護士で平成17年11月9日に設立された任意団体で、現在200名を超える個人会員・賛助会員および東京3弁護士会、大阪弁護士会の研究部が団体会員として所属しています。

毎年、独占禁止法の実務に関する論題をもとに年次大会を開催し、その他に研究会、講演会を行うなど、独占禁止法の実務の向上のために研鑽し、また、国際的には国際法曹協会（IBA）、米国法曹協会（ABA）などと交流をしています。

【会長就任のご挨拶（2010年）】

競争法フォーラム会長　内田　晴康

7月の総会、理事会で会長に選任されました。

競争法フォーラムは初代の伊従会長のもと、発足から5年間で会員数200名を有する組織となりました。

独禁法を専門とする弁護士を核とする団体としての地歩を固めたものと思っています。

この間の伊従前会長の功績は多大なものがあり、私も5年間で築かれた礎をもとにフォーラムの更なる発展のため、微力ながら全力を尽くす覚悟でおります。

特に、力を入れたいのは⑴会員のための日常活動の強化⑵国際活動の強化⑶独禁関連組織との交流、連携の強化⑷独禁法関連の立法、執行に対する提言等の活動の強化です。具体的には、会員が意見交換、研鑽を行う場として研究会等を活発に行い、最先端の独禁実務を研究するとともに、会員の需要に応じて基礎講座、実務講座のようなものも設けてはと考えています。また、国際活動は、ABA、IBA等の国際法曹団体との交流、連携をさらに強化するとともに、近時のアジアにおける独禁法の導入、執行強化の動きを踏まえ、特に東アジア(中国、韓国等）の独禁法の法曹団体との交流、連携を強化していきたいと考えています。独禁関連組織としては、創設以来重点をおいてきた公正取引委員会との意見交換、情報交換、交流を強化して、独禁行政の適正な執行を実現出来る環境づくりをさらに進めて行きたいと思っております。これに加え弁護士会の部会、研究会、経団連の独禁部会等の諸団体との交流、連携を深めることを目指します。また、独禁法関連の立法、執行のあり方については積極的に提言、意見表明を行うことで、フォーラムの存在意義を高めて行きたいと思います。

このような活動の強化を図るには、会員の方々の積極的な参加、協力が不可欠です。会員の皆様に各々の活動に責任を持って参加していただき、参加したことがフォーラムのみならず、会員の方々にとってのメリットとなるような体制、組織つくりをしていきます。

5年間の基礎固めの時代に続き、競争法フォーラムの飛躍の5年を一緒に創り上げて行きましょう。

【会長退任のご挨拶（2015年)】

競争法フォーラム前会長　内田　晴康

会長の任期を振り返って

(1)　創立時

競争法フォーラムは、10年前に誕生しました。今年が10周年になります。

設立は、独禁法の世界における国際的な執行強化の潮流、日本の公正取引委員会の当時の竹島委員長の積極的執行の方針の下の執行強化の動きに対応して、独禁法実務に携わる実務家、特に弁護士の間で、独禁法弁護士の団体を創設すべきではないかとの機運が生じたこと、同時に公正取引委員会の竹島委員長、上杉事務総長(当時)が、当局と弁護士の間で独禁政策、運用等に関して率直な意見交換を自由に、透明性を持って行える場を設けることの必要から弁護士を中心とする団体の創設を支援したことで実現しました。

特に、竹島委員長、上杉総長はABA（米国法曹協会）の独禁法部会の春季大会に参加し、1,000名近くの独禁法実務に携わる弁護士を前に米国司法省の独禁法執行の責任者が独禁法の年次の執行方針を述べ、会場からの質問に答え運用上の問題点等を真摯に討議する場面に接し感銘を受け、日本でもこのような舞台、土俵、フォーラムは出来ないものかと考えるに至ったこと、日本の弁護士で春季大会に参加していた弁護士も同様な問題意識を共有したことが、ABA 独禁部会の日本版組織ともいえる競争法フォーラムの創設を目指す動きにつながったと認識しています。

当時、弁護士側では伊従、矢吹弁護士等が中心となり、その後弁護士会の独禁法部会、研究会等の責任者を加え、上杉氏とも連携を取りながら競争法フォーラムを立ち上げました。私も他の数名の弁護士とともに創設前から中核メンバーとして関与しました。

⑵ 伊従会長を承継して

伊従弁護士が会長に就任して５年間会長職を務めました。伊従会長の当局を含む広範な人脈、高い学識、経験に基く先導で、競争法フォーラムは着実に会員を増やし、活動を充実してきました。５年経過して、伊従会長からの要請を受け私が会長に就任しました。

⑶ 任期中の活動

会員の皆様、理事はじめ役員の方々、事務局を取り仕切ってフォーラムを率いて来た矢吹事務局長、事務次長の先生方、またご協力頂いた公正取引委員会の現役、OB の皆様のお蔭で、まだまだ課題はありますが、競争法フォーラムの発展に貢献できたことを感謝しています。

(i) 会員の維持、拡大

〈略〉

(ii) 活動

〈略〉

⑷ 今後への期待

今後は、本日の総会、理事会で選任された役員、特に会長の中藤先生を中心に一層の活動強化が行われ、競争法フォーラムはますます発展して行くものと期待しています。創設の理念を引き継ぎながら、新たな10年への飛躍を祈念して、退任の挨拶とします。

2015 年７月

（競争法フォーラム　ホームページより）

(5)　ロースクールの支援

ロースクールは、大きな夢と目的を持って創設された。私は、当時事務所のマネジメントに関与していた立場で、実務家教員が必要との要請に応えて慶應義塾大学法科大学院の教授を引き受けた。授業の準備は2年がかりで、双方向的な授業、実務と学問の架け橋となる授業を実現するために、準備には相当な時間とエネルギーを割いた。それなりに、その目的は達成したことと、本業が多忙となったこと、元々学問としての法律があまり好きではなかったこともあり、3年間の義務を果たしたところで後輩の増田晋弁護士に教授職を引き継いでもらった。

担当科目は、「国際ビジネス法」、「渉外ワークショップ」であった。教師、学生を含め新しいロースクールを創るという夢と希望に燃えて、授業は楽しかった。もっとも、夢を求め、学生に実務の面白さ、楽しさ、意義等を伝える努力はしたものの、どれほど学生の将来に役立ったのかは自信のないところである。なお、その後ロースクールは、司法試験合格の実績を上げるため、受験科目に注力をするようになり、発足当時の理念は後退している。発足時の理想の実現のため、頑張って欲しいというのが個人的な思いである。

第８章

法律事務所の
海外ネットワークの
構築

1　海外法律事務所とのネットワークの構築

弁護士としての公益活動というよりは、主としては所属する法律事務所のための活動ではあるが、海外法律事務所とのネットワークの構築も弁護士としての活動を振り返るとき、大いに貢献したものとして誇れるものである。このネットワークは、海外での案件の依頼、海外からの案件の依頼という相互依頼関係、または協力して対応する関係、相互の国での重要な法務情報の交換、相互の弁護士の研修の機会、出向等の人的交流等を目的とする関係である。そのベースとなるのは、弁護士の国際団体での活動を通じての交流、弁護士同士の紹介による交流、業務の共同遂行等を通じて構築される人脈である。その意味で、国際法曹団体での活動はその人脈の拡大に大いに役に立った。

これに加え、戦略的に関係を開拓するために、国際的に活動する弁護士の評価をし、そのリストを掲載する出版物（Chambers、Who's Who Legal 等）をチェックして、関心のある分野の著名弁護士を確認し、出張、国際法曹団体の会合の機会に、その弁護士の所属する事務所を訪問し人脈を開拓すること、自身及び事務所がそれらの出版物に高評価の弁護士として掲載されることで他の海外の弁護士から認知され関係が開拓されるようにすることも効果的なネットワーク構築の方法である。因みに、Chambers では、私自身もゼロ評価から出発してランキングを上げて行き、専門分野での存在感を示すことが出来た。

この他には、既存のネットワーク（Lex Mundi 等）に参加することも選択肢である。ただし、これらのネットワークは一国一事務所等のエクスクルーシブな関係を要求することが多いので、海外の法律事務所との関係に自由度を持ちたい法律事務所にとっては選択対象にはならない。

国際展開をしている海外法律事務所のなかには、ベーカー＆マッケンジー、クリフォードチャンス、ホワイト＆ケース、リンクレーターズ等自前で海外に事務所を展開する「国際法律事務所」がある。日本の独立系法律事務所にとっては、提携、ネットワークの対象としてはこれらの事務所も選択肢にならない。

これらの法律事務所に対抗して、各国の独立系の有力法律事務所のネットワークを作ろうという動きに関与したことがある。海外の独立系の大手法律事務所が中心となり非公式の緩やかなネットワークが成立した。日本から幾つかの大手法律事務所が参加し、私は創設メンバーの一人として当初から事務所を代表して参加した。現在この組織はアジア、オセアニア以外にもヨーロッパの独立系法律事務所もメンバーとして含む大きな組織となっている。業務において、海外主要国の有力事務所とのネットワークを有していることは、グローバル化する法務を支える重要な資産となる。また、クライアントにとっても、グローバルネットワークの存在は魅力的なものである。

2　法律事務所の国際展開の多様性と類型

ここで、法律事務所の国際展開の様々なモデルを紹介し、現状と将来の方向性について私見を述べたい。国際弁護士を志向して事務所を選択する場合、弁護士として所属事務所の国際戦略の立案、実行に関わる場合に参考になればと思う。以下は、所属していた事務所、現在所属している事務所の戦略、方針とは直接関係のない、私の経験に基づく私的な見解であることを留保しておく。

国際展開をしている法律事務所を類型化すると、以下のようなモデルに分類できる。

(1)　グローバル・ローファーム

法律事務所の本拠地以外に海外重要拠点に事務所を設け、世界的に自前の法的サービスをワンストップで提供する法律事務所。私見では、ベーカー＆マッケンジー、クリフォードチャンス、ホワイト＆ケース、アレン・アンド・オーバリー等が代表的な事務所である。グローバルと称しても、実際には全世界をカバーする訳ではなく、国際弁護士への需要が十分ある国、収益目標を達成できる国、外国弁護士の活動の規制が緩やかでワンストップサービスを可能とする国等が独自の海外拠点を設ける国として対象となる。また、需要、期待収益、外弁規制に対応して、国（地域）毎に異なった展開をしている例が多い。具体的には①ローカルの弁護士の雇用、ローカルの弁護士との共同事業、パートナーシップ、合弁、提携、ローカルの事務所の統合等の運営形態の違い、②本拠地、重要拠点のための窓口、ショーウィンドウ的なサービス提供、本拠地、重要拠点のための支援業務の提供、当該国での実質的な法律サービス（外弁規制の制約の範囲内）の提供等のサービス提供範囲の違い、③特定のプラクティス分野に絞る等のサービス提供の分野の違いという相違があり、これが国毎に異なる組み合わせとなる場合がある。

純粋の「グローバル・ローファーム」は、少なくとも主要な拠点において自前のフルサービスを提供して、ワンストップでサービス提供をすることを目標、または標榜している法律事務所であるが、その程度には、前記の①～③に指摘したような点で相違（バリエーション）があると理解すべきである。また、米国の評価の高い「国際的法律事務所」は、必ずしも純粋の「グローバル・ローファーム」としてリーガルサービスを提供している訳ではない。理由の一部には、米国の収益率の極めて高いリーガルマーケット以外に他国のリーガルマーケットで直接ビジネスを行うことにそれほど魅力がないこともあると考える。例えば日本に拠点を設ける場合も、メインの目的は米国での大型案件、採算の高い案件について依頼者となり得る日本企業とのコンタクトを日本において緊密にすることで案件を開拓すること、米国案件についての支援を日本で行う体制があることが米国での案件受任にあたり評価されること等が主たる目的となることも多い。もちろん、外資系企業の日本でのビジネスのサポート、外資系企業の日本での取引、投資等についての法的アドバイスも主要な業務であるが、日本の法律事務所の成長に伴い、外資系法律事務所が国内での渉外業務において必須である分野は減少してきている。

逆に、日本の大規模法律事務所は、日本企業が進出、投資等を拡大しているアジアにおいて「グローバル・ローファーム」の先例に倣ったサービス展開をするようになっている。特に、アジアの国は、法務的には発展途上国（シンガポール、香港、インド、近時の中国等は別）であり、ローカルの信頼できる弁護士、法律事務所が存在していないか不十分な国が多い。そのレベルに応じて、日本の法律事務所の現地でのリーガルサービスは、外弁規制の制限の範囲内であるが、直接的なアドバイス、現地のローカルファームとの共同、またはコントロールしてのサービスの提供、ローカルファームの統合等形態を変えて行うようになっている。また、現地から日本への投資、取引を行う企業のサポートも重要な業務となっている。ただし、日本国内の大型案件を獲得することが主たるターゲットとなっている例は未だ多くはないとみている。

(2)「法律事務所の国際的なネットワーク」組織

法律事務所の既存の国際的なネットワーク組織は、多々ある。例えば、Lex Mundi 等である。このようなネットワークに参加することは、メンバーの所属する国でのリーガルサービスがメンバーである法律事務所によって遂行されることで、一定の品質条件を満たし、かつ信頼関係を有する法律事務所のリーガルサービスを共有できることに利点がある。また、対外的に、有力ネットワークのメンバーとして国際的な対応能力を組織的に保障し、その点をアピール出来ることにメリットがある。メンバーに対する拘束としては、独占的な関係を求めるか、優先利用を求めるか、非独占か、一国一事務所とするか等個別のネットワーク毎に違いがあり、拘束性の高いネットワークから緩やかな友好関係とみられるネットワークまで多様性がある。

⑶　独立系の法律事務所による国際的なネットワーク

独立系の法律事務所（グローバル・ローファームと称さない事務所）が、他国所在の独立系のトップクラスの法律事務所とネットワークを構築し、相互に案件に関係する国の法律事務所をクライアントに紹介する等により共同してリーガルサービスを提供するネットワークである。“グローバル・ローファーム”に対抗して独立系の有力法律事務所が、自前でのワンストップサービス提供ではなく協力関係の強化によりグローバル分野での良質なリーガルサービスの提供を狙ったモデルといえる。一般には、独占的ではなく、また、恒常的な組織を構築することはない。ネットワークに属する具体的な法律事務所名を公式に表明せず、海外のトップクラスの法律事務所と緊密な関係を構築していることのみ対外的に開示しているケースもある。

⑷　ケースバイケースの対応

本拠地以外でのリーガルサービスの提供はケースバイケースで

海外法律事務所に依頼し、海外法律事務所主導、または協力してリーガルサービスを提供するモデルである。

3　モデル類型の長所と短所

各モデルには、各々長所と短所がある。「グローバル・ローファーム」の純粋モデルは、依頼者に対してワンストップでのリーガルサービスの提供をアピールすることができ、組織として一体的に対応できることが長所である。他方、案件によっては、案件発生地のトップクラスの事務所、その案件分野に強い法律事務所の関与が期待されることがある。このようなときに「グローバル・ローファーム」の当該国の弁護士に依頼することが不適当な場合がある。また、案件の成否は担当する弁護士の力量、信頼関係の有無に影響されることが多いので、グローバル・ローファームの窓口の弁護士に実際に担当する弁護士の選任、コントロールを全て任せることが妥当かという問題もある。一般論、私見ではあるが、グローバル・ローファームは、弁護士の質、規模、専門性において各地域で現地のトップクラスの法律事務所と同等のレベルで、サービスの提供ができるのかという問題を抱えている。

私見では、重要案件においては、2(3)の独立系の法律事務所によるネットワークモデルが各国の法律事務所の質の確保、信頼関係の構築、コントロールという面では現時点では最適ではないかと考えている。ただし、日本の中、小規模の法律事務所の場合には、各国の良質なベストフレンドによるネットワークの関係構築が難しいこと、また、非重要案件に関しては、案件の性格に応じて現地の中、小規模事務所を活用すべき場合もあろう。

4　日本の法律事務所の状況

日本の法律事務所の現状を見ると（ジュリナビ法律事務所ランキングの 2019 年１月の弁護士数を参考）、弁護士数 400 名を超える法律事務所が５事務所あり、100 名を超え 200 名未満の法律事務所が６事務所ある。外国系の法律事務所は、100 名を超える事務所が１事務所、30 名から 80 名の事務所が数事務所で、これらの法律事務所においては日本の弁護士の数が外国弁護士より多数を占めている。またこの中には、「グローバル・ローファーム」と分類される法律事務所も含まれている。

日本の大手法律事務所、中規模法律事務所を、前掲のモデルに照らして分類すると、「グローバル・ローファーム」の純粋型は無い。ただし、アジア地域、特定地域でのグローバル・ローファーム的な業務展開は拡大しているといえる。海外法律事務所との関係は、ネットワーク組織に参加している法律事務所はあるが、そのネットワークへの関与は限定的に見える。また、2(3)の独立系の法律事務所によるネットワークは公式に公表されてはいないが、その関与も限定的と思われる。したがって、日本の大手、中規模事務所は地域によってグローバル・ローファーム類似のモデルを採用している以外は、その他のモデルを適宜、状況に応じて使い分けているものと考える。

5　グローバル化の将来

経済のグローバル化は急速に進展して行くものの、法制度、法律実務のグローバル化は進展が遅く、国毎の相違、個別性は存続する。弁護士資格も原則として国単位での資格であり、外国弁護士への業務の規制は存続し、当該国での取引規制、事業規制、訴訟、官庁との対応、交渉等においては当該国のローカルの弁護士の優位性は高い状態が続くと考えられる。また、法務面での発展途上国も、優秀な弁護士が育成され、現地の法律事務所が充実するとともに海外法律事務所に当該国の国内法律問題の対応を依拠する必要性は逓減して行くと思われる。

日本の法律事務所の現状から見ても、日本に於ける取引、規制対応、紛争解決等において、海外企業へのサービス提供を含めて、海外の法律事務所に依拠する必要性は大きくはないことが分かる。他方、グローバル法務案件においては、数か国の法域に関わる案件が増加しており、その際に、数か国にまたがる案件を日本の法律事務所が主導的にリードするためには、日本の法律事務所のグローバル化が必要となる。そのためには、グローバルな案件の経験を深め、グロ―バルな案件を企業から依頼される関係を構築して行く必要があり、その観点では海外展開での海外の法律事務所との協力関係を構築して積極的にかかわると同時に、海外での一定のプレゼンスを高める必要があると考える。

また、分野によっては国の制約を超えた法務分野が拡大している。例えば、現在注目を集めている国際仲裁は、国の制約を超えた紛争解決手段である。日本企業と海外企業の仲裁は仲裁地が海外であれば、日本の弁護士でも海外の弁護士でも原則的には代理人、仲裁人になれる。日本が仲裁地でも海外の弁護士が代理人、仲裁人になれるということもあり、真にグローバルなリーガルプラクティス分野である。投資紛争の仲裁、国を代表しての紛争解決の代理人も当事者の国とは別にグローバルに法律事務所の選択が可能である。将来的には、経済、政治のグローバル化により、弁護士業務のグローバル化された領域は広がって行くことが予想される。さらに、グローバル化へのローカルの弁護士の最後の砦である訴訟においても、シンガポールをはじめ幾つかの国では、英語で訴訟手続を実施し、外国人の裁判官を指名して海外の弁護士が代理人となることの可能な制度が検討され、導入されてきている。日本でも、訴訟法、外弁法等が改正され訴訟が国際仲裁に近い形態で行われるようになると、将来は訴訟もグローバル化の流れに乗ることになるかもしれない。

これから、国際的な活動をする弁護士を目指すか、国際分野での活動領域を開拓したいと考えている弁護士は、グローバル化の大きな潮流と弁護士の貢献、活躍出来る分野への展望をしっかり持ち、そのような動向を踏まえた戦略眼を持って対応すべきであろう。

第９章

社外役員としての活動

弁護士にとって企業の社外役員を務めることの意義は、依頼された企業のガバナンスの充実のために法律家としての知識、経験を活かし貢献することである。同時に、企業を内部から見ることで企業の意思決定過程を知り、事業の内容を知り、企業のガバナンス、コンプライアンス対応等を実地に見聞することにより、弁護士として企業の実情を踏まえた実務的なアドバイスをするために必要な知識、経験を蓄積するのにも役立つ。また、当該企業が法を遵守し適正に経営されることを確保するという公益的な目的を達成する、法律家としての社会貢献活動でもある。

社外役員については、直近の30年余の間に、上場会社の監査役（社外)、委員会設置会社の社外取締役、監査等委員会設置会社の社外取締役（監査等委員）等を務めてきた。その経験を振り返ると、過去には社外役員が取締役会等で積極的に発言することは必ずしも歓迎されない風潮があったのは事実である。また、弁護士の社外役員は取締役の職務執行が法に触れないかとの観点での監視が主たる役目であり、正常な状態で経営されている会社の平常時の経営で、社外役員が積極的に議論をリードしたり、意見を述べるべき事態は実際には殆どなかった。またその必要も、通常の経営がなされている限りなかった。私が過去に監査役に就任した会社で就任のあいさつで、「監視（ウォッチ）はしっかりするので、何も発言しないのは仕事をさぼっている訳ではなく特に問題がないからで、発言がないことは問題行為がないことを保証しているものと理解して欲しい」と述べた記憶がある。もっとも、仮に違法行為、その疑いのある行為を認識した場合は、厳しく問いただし、問題行為をやめるよう強く意見を述べ、再発防止策を講じるよう指導するという心構えは常に持っていた。また、経営判断に関しては、経営判断を取締役、執行役員と同じ視点、観点で批判、議論したりすることはせず、「経営判断の原則」に従い、審議過程、提供された情報の十分性、真摯な検討の有無、判断が不合理ではないかという観点で監視し、逸脱している点があれば発言して指摘するか、問題無い場合もその旨を確認する目的での発言にとどめていた。問題を指摘した場合に、それを無視して意思決定するという例はなく、伝家の宝刀を抜かなければならない機会は幸いになかった。

社外取締役の場合には、取締役として経営にかかる意思決定についても、その妥当性を判断し、必要な意見を述べることになるので発言の機会は増えた。また、近時はコーポレートガバナンス・コードの要請もあり、社外取締役への期待が大きくなり、発言は歓迎される環境となって来ている。しかしながら、業務執行に関わる取締役は、事業の内容を熟知し、部下から問題点の説明を受け、十分に検討して、さらに会社の目指す事業展開、事業の実務を明確に認識した上で、責任者としての責任感の下で決定、執行にあたるのであり、このような経営判断に関して社外取締役が批判し、代替策を推奨するのは本来の役割でもなく、混乱をもたらすのみではないかと個人的には考えている。業務執行取締役の判断過程、判断が不合理な場合の確認、是正のための発言、他の視点での参考意見等は有意義であろうが、経営経験がない弁護士としての発言は慎重にすべきと自戒して対応している。ただ、弁護士として不正行為の存在についての「勘」、取引の不合理性、説明の不十分性、虚偽性等に対する職業的な「嗅覚」に基づき、疑わしい点については、質問、糾問で事実を質すことは意識している。また、海外の取引経験、紛争対応の経験から、リスクの存在についての感覚が磨かれているので、海外案件等でその懸念があるときは発言の上、注意を喚起することがある。弁護士としての経験は、取締役会が経営者のみで構成されている場合に、取締役の同質性（経営経験のある者のみ）によるリスクの見逃しを防ぐ観点からは大いに役立つものと考えている。なお、関連して日本経済団体連合会の監事に就任した経緯について触れる。組織の性格から、厳密な監査が要求される団体ではない。私が選任される前までは、メンバー企業の経営者等が就任していた。しかしながら、企業統治強化の一環として、経営者ではないある意味では異質の世界の弁護士を監事とすることで、多様性によるリスク管理を目指して就任依頼があったと考えている。

また、企業の社会的責任、ESGに対するコミットメント、人権への配慮等の、企業の利益優先主義への批判、反省に基づく新しい企業経営の在り方に関しては、これらの分野の専門家である弁護士が社外役員として果たす役割が一層大きくなろう。

なお、弁護士、特に大規模法律事務所の弁護士として社外役員に就任する場合は、「独立性」の問題に留意が必要である。「独立性」の基準は会社が合理的基準を定め、それに適合していれば問題ないというのがルールであるが、議決権行使助言会社が、非常識に厳しいルールを決めてその基準に反する場合に選任決議に反対票を投じるように助言し、株主が助言に従い反対票を投じる例が見られる。弁護士の場合は、職業倫理として独立性、違法行為等への厳しい姿勢が要求されており、本来は、所属する法律事務所が会社から報酬を得ていることで判断に影響を受けることはあり得ないというのが弁護士の矜持であり、その前提で「独立性」の有無を判断すべきではないかと思っている。特に、国際経験、企業法務の経験豊かな弁護士の数の少ない日本において適格、有能な社外役員候補の人材を確保するうえでも、形式的、不合理な基準での議決権行使の助言は望ましくないと思っている。

最後に、個人的な経験を語ると、社外役員は多様な分野からの識者（会社経営者、コンサルタント、会計士、元官僚、大学教授、医師等）が選任されるので、自身の知らない情報、知見に接し、勉強となり、感銘を受けることがあるのみならず、懇親の機会等で楽しい時間を過ごすこともできるという副産物もある。

第10章

企業法務の将来と弁護士の将来像

1　企業法務の将来

(1)　企業法務のグローバル化

企業法務の将来がどのようになるかは予測の難しいところである。また、企業の規模、業務内容によって各々企業の必要とする「企業法務」の内容は異なる。大規模でグローバル化した企業は、グローバルな企業活動に対応した法務の需要がある。それ以外の大企業、中小企業は、国内法務の需要が中心で、海外展開についてはグローバル企業の既に経験した初歩的な法務対応から始まり次第に本格的な国際的企業法務が要求されることになろう。

企業法務の分野という観点で見ると、①コンプライアンス、リスク管理、ガバナンス等の企業統治に関する法務、②企業統合、企業買収、提携、合弁等のM&Aに関する法務、③企業の事業活動に伴う取引に関する法務（取引契約、ライセンス契約、プロジェクト契約等の契約作成、交渉、法的規制のチェック等）、④紛争対応（紛争予防、紛争の解決等）が主要な分野であろう。その他、労務問題、知財管理等も重要な専門分野である。また、金融、証券、保険等の事業分野では、事業に対する法規制、商品開発等で専門知識が必要となる。

グローバル化した企業では、上記の各分野において、国際水準のグローバルな視点での国際標準に準拠した対応が必要であり、国、地域ごとのローカルな法務対応も必要である。

企業法務で弁護士に期待される能力は、各々の分野で国際水準、国際標準を踏まえたグローバルな視点での法的問題解決能力と、関連する国、地域の法律、規制等に対する専門的で実践的な対応が出来る能力である。その観点では、弁護士の扱う法分野の専門化がさらに進展することを踏まえると、専門分野の異なる弁護士が専門分野ごとに対応し、分野が跨るケースでは適切なチームをつくり対応する必要がある。その為の最適な組織としては、各分野の専門家が揃っており、かつ経験豊富で広い法分野の経験があり、課題の分析、課題予知能力のあるシニアな弁護士がリードし、適切なチーム編成、基本方針の決定が出来る組織が一つの理想像である。他方、専門に特化することで当該分野で高い能力、経験を積み重ねる「ブティーク」型ローファームも選択肢で、分野を跨る場合は他の分野の同様の法律事務所と共同で対応するという選択もある。ただし、この場合は社内法務が全体像をしっかり把握してブティーク法律事務所の活動を補完して広い視野を持ちコントロールすることが必要と考える。また、小規模で特定クライアントに特化するか、中小企業等に丁寧に合理的対価でサービスを提供する法律事務所も選択の一つである。

⑵　企業内法務と法律事務所との関係

他方、企業内法務は今後一層充実し、社内法務に弁護士有資格者が増加することが想定される。このような動きを踏まえて、法律事務所と企業内法務との関係がどのように変化して行くかを考えてみる。その際の視点としては、外部弁護士、法律事務所と社内法務との役割分担については、法務の分野別に差異があるということを念頭に置いて、私見ではあるが次のように考える。

第一に、企業統治分野では、社内法務の役割が大きく、社内法務が主導権をもち対応し、外部弁護士は、国内、国外の法規制、実務の動向を踏まえた客観的で適切なアドバイスを期待される。最近は、これに加えてグローバルに海外グループ会社のコンプライアンス、ガバナンス等の構築の支援、海外現地子会社の企業統治の実態についての精査（DD）等の業務が増加しており、この場合は海外のネットワークを有する法律事務所が主体的にかかわるケースが増えている。

第二に、M&A 等の分野では、外部弁護士の役割が大きい。戦略決定、交渉は社内法務、社内の事業対応チームが中心となるが、契約作成、DD、規制対応（独禁法、業法等）等の人的リソース、専門能力が必要とされる分野での業務、企業の重要な決定の合法性を担保するアドバイス等において外部弁護士の果たす役割は大きい。

第三に、取引関連では、ルーティン化した取引については、企業内法務（または事業部）が必要に応じて外部弁護士のアドバイスを受けながら主として社内で対応する例が多くなる。企業内法務が充実すると外部弁護士に依頼する比率は一層下がることが予想される。

第四に、紛争対応は、企業内法務が充実している米国においても原則的に外部弁護士の役割が大きい。紛争解決は、紛争処理の経験を要すること、紛争対応の能力を要すること、依頼者と一定の距離を持ち弁護士倫理を遵守する弁護士が当局、裁判所等の対応で信頼関係を持ちながら紛争の解決を図るという慣行が確立されていること、また、企業において紛争は事業の一環として常時対応を期待される事象ではなくそのための人員を内製化する合理性がないこと等がその理由であろう。この傾向は、このような状況が存続する限り今後も変わらないと思う。

企業法務の将来は、「法化社会」（法律でルールを決め企業の自由な活動を保障し、法に違反した場合は制裁を受けるシステムの社会）が日本国内で進展すると同時に、グローバルにも浸透して行くという時代の流れのもとで、より重要性を増してくるであろう。法の解釈、法の適用、法の順守、違反への制裁の対応において企業法務の専門家の役割は一層高くなることが予想される。また、日本においては、弁護士の大幅な増員もその流れを促進することになろう。

(3)　グローバル化と法務機能の在り方

なお、グローバル化するビジネスを踏まえた日本企業の法務機能の在り方については、「国際競争力強化に向けた日本企業の法務機能の在り方研究会報告書」（経済産業省、2018年）が参考になる。同報告書では、「ガーディアン（守り）としての法務機能」と「パートナー（攻め）としての法務機能」とに分け、国際化する日本企業の法務機能、法務部門の在り方を検討している。この報告書を受けた、「国際競争力強化に向けた日本企業の法務機能の在り方研究会報告書～令和時代に必要な法務機能・法務人材とは～」（経済産業省、2019年11月）では、日本企業の国際競争力強化のためには事業の創造による価値の創造がポイントであるとの認識のもとに、法務機能のうちパートナー機能を「ナビゲーション機能」、「クリエーション機能」に分けて分析し、ガーディアン機能を含め、法務機能の事業価値創造への「共創」の可能性を検討している。分析、検討は、「実装」(具体的実現方法)と人材育成という観点から詳細になされている。企業法務の問題意識として、企業内法務に関わる関係者のみならず弁護士にとっても、将来の企業の法務部門の在り方を理解するうえで、参考にすべきと考える。

2 法律事務所の対応

1で分析した企業法務の動向を踏まえて、最適な法律事務所の在り方を考えてみる。

大規模なM&A、取引、紛争に対応するには①弁護士のリソース(人員)が必要であること、②多分野の専門家を有する必要性があること、③グローバルの対応の必要性があることから、その必要性を充たすには、一定の規模のある国際性のある法律事務所が最適の形態となろう。

これらのうち、グローバル化対応には選択肢がいくつかある。日本の法律事務所においては、①内部の弁護士の留学、研修、出向等を通じてのグローバル経験の蓄積をすること、②海外の法律事務所との提携またはネットワークを構築すること、③海外に支店、事務所を開設すること、④海外法律事務所を統合すること等である。

海外の支店、事務所の設置の意義は、法的な先進国、中進国、後進国により目的が異なると考える。法的な先進国で有力な法律事務所が多数存在する国においては、日本の法律事務所が現地事務所に対抗して同等の活動をすることは難しい。案件に応じて、自ら対処すること、現地の法律事務所と共同して対応すること、クライアントとローカルの法律事務所とのコーディネート役としての機能を果たすこと等を選択して行うことになろう。中進国においては、共同対応、コーディネート、スーパーバイズの機能が中心となろう。後進国においては、当該国の弁護士が機能しない例が多いので、主導的な関与が期待されよう。しかしながら、後進国、中進国も、先進国への発展とともに国外の弁護士の役割が変化することが予想される。例えば、中国は後進国から中進国となり、現在では千人規模の大手法律事務所が多く存在し、日本の法律事務所の支店、現地事務所の役割は従来より限定的になって来ているように見える。

なお、日本において過去には、米国、英国等の法務先進国の大手法律事務所が、日本に事務所を設け、自ら日本の法律業務を遂行することを狙っていたが、日本の法律事務所の成長とともに、次第に機能を縮小し、活動も限定的になって来ていることを参考にすべきである。

このような状況を踏まえ、国、地域毎に、進出する目的を明確に定め、戦略的に対応することが望まれる。その際は、個人的には、グローバル化しても法律は国ごとに異なり、実務の慣行も異なるので、ローカルローヤーの価値は大きいという認識を持つべきだと考えている。

3　若手弁護士としての将来像の選択

若手の弁護士が弁護士の進路を選択し、国際弁護士を目指す場合は、前述のような弁護士業務の将来の展開を見据え、自身が弁護士としてどのような役割を果たすべきかを見極めて行かなければならない。大規模化、グローバル化、専門化、組織化という将来を前提とすると、若手弁護士は法律事務所のアソシエートとして出発し、数年後にパートナーとなり、個別業務分野のリーダー、または事務所のマネジメントに参加するというステップを踏みながら成長して行くことが一つの選択肢となろう。

若手弁護士は、その過程で、最先端の法務の経験、国際的な業務の経験、国際的ネットワークへの参加という大きなチャンスを与えられることになる。他方、アソシエートとしては、大きな組織の部品、駒として、全体像の分からないまま個別案件の処理のための道具、法律事務所の大きな目的のための犠牲に供されるという事態も想定される。それぞれの過程の意味、意義を理解して厳しさを承知の上で階段（ラダー）を登ってゆき、最終的には事務所経営、戦略の立案、実行に関わるというステップを経て行くのは一つの「成功」モデルである。ただ、規模の大きい法律事務所は、全ての若手に辛抱強く成功の過程を準備している訳ではない。事務所内の競争が厳しく一定の年数でパートナーとなれない場合には新たな進路選択をせざるを得ないという課題に突き当たることもある。

規模的に中規模法律事務所の場合は大規模法律事務所に比較して競争原理がそれ程厳しくないという利点がある。その代わり、案件の質、規模において必ずしも満足感が十分ではないとの危惧はある。もっともチャレンジのし甲斐があるとも言える。

他方、小規模法律事務所に参加するか、仲間と小規模法律事務所を創立して新しい理念で事務所を育てて行く選択もある。また、適正規模で、専門性のある「ブティーク」としての事務所を目指すのも選択肢である。さらに、クライアントを中小企業、ベンチャー企業等をターゲットとして適正規模の、働き甲斐を感じる事務所を作って行くという選択肢もある。他にも、大型法律事務所はコンフリクトの問題等で特定クライアントへの忠誠、信頼を保つことが困難になるという課題を抱えているので、これを避けて特定クライアントに特化した法律事務所というのも選択肢となろう。なお、大型法律事務所においても、若手弁護士の主導で大型法律事務所の弊害を解決しつつ、その発展を実現する体制、戦略を構築できる可能性はあり、そのような改革にチャレンジするか、その改革に参加することも意義があると考える。

最近はさらに、企業内弁護士も重要な選択肢となっている。企業の中で、企業の経営と一体となり法務を扱うことは、外部の弁護士よりも、事業部と密接な関係を持ち、全てを把握して法務問題に対処するという経験を出来るので、その意義は大きい。また、企業内法務を経験し、外部弁護士として法律事務所に勤務することも、双方の視点で法的な問題処理をする能力を磨くことが出来ることにより、弁護士としての価値を上げることにもなろう。

いずれにせよ、現状を正確に認識し、弁護士業の将来を見据え、自身のやりたいことを決め、弁護士としての理想、志をしっかりと固め、自ら考えることが、将来の弁護士像を描くには肝要である。

4　中堅弁護士の将来像

中堅弁護士の弁護士としての将来像は、実際に弁護士としての実体験をし、現実を認識した上の将来像なので、より現実を踏まえた弁護士像となろう。方向性は、若手弁護士の将来像と同じ選択肢であろうが、より具体性を持ち、実現可能性を考慮した選択となる。この場合も、弁護士生活に慣れ、疲れても、志、理念を捨てないことが大事で、大きな志で夢を描いて欲しい。

特に、一定の経験を積み、法律事務所の実務を経験した中堅弁護士が、これらを踏まえ理想的な法律事務所の在り方を構想し、実現して行くことは、今後の弁護士の将来像を描く上では最も重要なことであり、大いに期待している。また、**第11章**で詳しく触れる新型コロナウイルス後のグローバル法務の進化への対応は、経験を十分に積み、これを踏まえての新しい構想を描ける「中堅弁護士」の活躍を期待することが大であり、将来の弁護士像のモデルを作って欲しい。

5　シニア弁護士の将来像

(1)　シニア弁護士の現状と将来

我が国では、大規模法律事務所が出現する前は、弁護士は死ぬまで弁護士稼業をするという前提で、健康問題、本人の意思での停職以外に「退職後」、「老後」を真剣に考え、悩む必要はなかった。しかしながら、一定の規模の組織化された法律事務所においては、企業と同じに、世代交代、業務の継承のために「定年制」を設けることが当然とされてくる。例を挙げると、日本の「4大法律事務所」と称されている法律事務所は、現在は、65歳ないし70歳を定年として、その後の一定期間を顧問、カウンセルというポジションで事務所に残る可能性を与えるという方式を採用している。海外の大手、中堅の法律事務所は65歳前後を定年の年齢とし、その後特例的にカウンセルで残ることを認めている例が多いと理解している。英国の法律事務所は、定年の時期が米国の法律事務所より早いと言われており、60歳前後にHappy Retirementを迎えるケースもある。

私の属していた事務所は、若手を育て、前面に出し、責任を与えるという「若手」主導の理念を掲げていたこともあり、合併の際に65歳定年制を定めた。定年後にカウンセル、顧問等で残る制度には否定的であり、私以外の、創業時に事務所の基礎を作った弁護士も「物理的に」65歳で事務所を出ることになった（もっとも、その世代の退職後にルールを変えて、カウンセルとして残る途を認めるようになったと聞いている)。

定年制は難しい問題である。事務所が組織化、大規模化すると世代交代の必要性があり、世代交代により事務所は活力を維持し、次の世代が時代にあった事務所を作ることでクライアントにも魅力的な事務所としてさらに発展するという好循環を生むという発想の下では、制度的に若返りを推進する「定年制」は必須ということになる。他方、弁護士業界の一般的な共通認識は、弁護士は仕事する意思と能力がある限り仕事を続けるべきであり、一定の年齢で強制的に退職を強制することに違和感があるという考えもある。また、クライアントとの信頼関係、人的ネットワーク、業務経験で得られた知識、判断力等は、年齢を問わず活用し承継されて行くべきという視点からは、一定の年齢で一律に切り捨てることは弊害の方が大きいという考えもある。さらに、企業において定年制が無いことによる弊害として指摘される、「年寄り」が人事権、指揮命令権を維持し、高額の報酬を貪るという懸念は、法律事務所においては原則的には存しない。また、法律事務所の大規模化、組織化はロースクールが創設され、弁護士数が急増した以降に発生した現象であり、現時点で定年となる弁護士の数は全体数に比較すると極めて少ない。大手法律事務所でも、各年で1名ないし数名に過ぎない。そうすると、若返りというのはクライアントとのつながりがある弁護士を辞めさせることでクライアントの次世代への承継をさせることが主要目的なのかもしれないという疑問もある。最近の傾向として、組織化した事務所では、クライアントは事務所のクライアントであるという理念のもとに、そのようなことは当然であるという理解に従い経営されるようになってきており、若い世代の弁護士から見ると当然と考えているのかもしれないし、組織化、大規模化した法律事務所ではそうあるべきかもしれない。

以上のように極めてセンシティブで、世代、個人の志向の違いで何が正しい選択かを決めることは難しく、多様な選択があり、十分な議論を経て関係者の納得感が得られる制度作りが必要であろう（法律事務所により、定年後のシニア弁護士の扱いは異なり、配慮の在り方は事務所のマネジメント世代の考え方により異なるようである）。

私は、65歳になって事務所の定年の年齢になった後、様々な理由のもとで5年間延長して事務所に在席し、その間自ら開拓したクライアント、担当していたクライアントに迷惑をかけず継続して最善のサービスが受けられるように、クライアント毎に担当のパートナーを割当て、クライアントの承認を得て円滑に全ての「承継」を行った。その意味では、定年制の下で次世代に歓迎される最善の義務を果たしたと自負をしている。ただ、弁護士の個人的な志向、人生哲学から、皆がそのような途を選択するかは疑念がある。そのため、定年より前に早めに退職して新事務所を作るか、他の事務所に移籍するという選択をする弁護士が増加するのではないかと思っている。これは、本質的に自由な職業である弁護士には当然あり得る選択であり、定年制を設ける以上避けられないことである。

自身のことに触れると、「年寄り」の線引きをどの年齢とするか、「年寄り」の判定をどのような基準で定めるか、「年寄り」にどのような期待をするか、期待をしないか、今は試行錯誤の過渡的な時期であると思い、事務所への義務を果たした上で、自らの考えでチャレンジをしてみようというのが、私の決断であった。

(2) 私の選択

私は、70歳で退職し、取りあえず個人事務所を設立した。外資系法律事務所、幾つかの日本の法律事務所からオファーをもらい、自由な立場で将来を考えた。退職の少し前の時期に、『Life Shift（ライフシフト）――100年時代の人生戦略』（リンダ・グラットン、アンドリュー・スコット著、池村千秋訳、東洋経済新報社、2016年）という書籍が出版され、知人の紹介で購入し、触発され、ある月刊誌に弁護士業務のAI化が進展しても、経験、判断力等の価値によりAI時代に生き残る弁護士として紹介され、企業でも定年延長の方向への改革が進められているという時代風潮の中で、個人的にも、これまでの経験を活かした仕事を継続したいという願望が強くなっていった。また、これまでの経験を活かした社会への貢献、社会とのかかわりを持つということになると、それなりのプラットフォームが必要であるとの認識も出てきた。特に、個人で全ての事務をしようとすると、マイナーな一仕事をこなすのに一週間かかり疲れ果てるという経験を初めてして、しっかり業務をサポートするプラットフォーム（施設のみならず人的な資源を含めたもの）のある法律事務所を選択するしかないと考えるに至った。

オファーを受けたうちで、TMI 総合法律事務所は、規模はいわゆる「4大法律事務所」に匹敵し「5大法律事務所」の一角を占めており、プラクティス分野も同様に全てカバーし、知財、IT、エンターテインメント分野では歴史、実績においてトップクラスであり、クロスボーダーの取引、ヘルスケア、アジアプラクティス、海運、訴訟等の分野でも特色のあるプラクティスを展開している、日本でトップクラスの法律事務所である。また、働く意思と能力のある限り定年は無いとのことであった。しかも、想定していなかった「パートナー」で迎えるというオファーであった。「将来の弁護士像」を模索していた心に何故か「すっと収まり」、悩みなしにほぼ即決で入所を決意した。創業パートナーで代表の田中克郎弁護士、創業パートナーの遠山友寛弁護士のおかげで、70歳を過ぎて新たなチャレンジ、それも大きなチャレンジの機会を持たせてもらえたことを感謝している。

現在は、元の所属法律事務所の発展を見守りつつ、共に日本の法律事務所全体が成長して世界の大手事務所に伍して世界の法曹界のリーダーとなって行くことを願い、大きな志を持って、TMI 総合法律事務所のメンバーとして夢を実現して行こうと思っている。今は、新人時代に戻ったかのような意気軒高の気が漲っている。ただ、シニア弁護士の順守すべき原則は、すべては自己の利益のためではなく次世代の弁護士のため、さらには社会のための貢献であり、働かせてもらえる感謝の気持ちを持ち活動をすることと自戒として、このことを肝に銘じている。

TMI 総合法律事務所の運営の理念は、下記の代表弁護士の挨

【TMI総合法律事務所　代表挨拶】（抜粋）

設立以来、当事務所におきましては、「国際化そしてさらにボーダーレスな世界に進もうとしている新しい時代への対応」「専門性の確立」「専門領域の総合化」といった設立時の基本コンセプトを絶えず念頭に置きつつ、企業法務、知的財産、ファイナンス、倒産・紛争処理を中心に、高度で専門的な法律判断と、総合的な付加価値の高いサービスを提供できる体制づくりに努めてまいりました。

当事務所は、国内業務と渉外業務の双方の領域で豊富な経験を積んだ弁護士、弁理士およびスタッフで構成され、海外の法律事務所、会計・税務事務所、コンサルティング事務所、その他各種専門機関とも提携して、幅広いニーズに適時に対応できる体制を整えております。また、単に規模の拡大を求めるのではなく、クライアントの皆さまに満足していただけるサービスを提供するためには何が必要かを考え、常に新しいチャレンジをしてまいりました。併せて、事務所としての一体感、共通の価値観を保ちつつ、各人の個性を尊重し、成長し合える環境づくりも積極的に行っております。これからも、より良いリーガルサービスの実現のため、人材の育成や情報・ノウハウの蓄積・共有を進め、活力ある高度なプロフェッショナル集団としての組織づくりを行っていく所存です。

（TMI総合法律事務所　ホームページより）

拶にある通りで、この基本的理念は私が抱いていたものと共通するものである。昨年事務所開設30周年記念のガラコンサートをサントリーホールで開催し、事務所の弁護士、スタッフ、クライアント他お世話になった方々の参加により盛大な記念式典を行い盛り上がった。

なお、参加して嬉しかったのは、事務所のメンバーの一体感を重視する文化である。その例として、事務所内の様々な出来事を掲載し、事務所のメンバーの活躍の様子を知らせる社内誌を紹介したい。239頁は、「新入所員紹介」のページである。私が「新入所員」として自己紹介文を書いたものであるが、「皆さんが親しみを感じる内容で」との指示を受け、孫とのスキー、ウィーンの国際会議のレセプションの写真を付して親しみやすい雰囲気を伝える自己紹介を記した。

TMI総合法律事務所での仕事は、事務所の新規分野の開拓、既存分野の強化を、自らの経験、人脈等を活用して取組み、海外の法律事務所とのネットワークの構築、強化を支援することを主として行っている。業務分野では、これまでの経験、専門知識を活かし企業等に大局的なアドバイスをし、案件に応じてクライアントの需要を正確に把握し、適切なチーム編成、案件処理の基本方針の策定に関与し、リーガルサービスの効率的、効果的、最適な提供を実現して行くことを目指している。これらを通じて今所属している法律事務所が世界のトップクラスの法律事務所になるよう少しでも役に立てればと考えている。もっとも、シニア世代としては、友人、知人は社会貢献、趣味の世界に重点を移している者も多く、これからは年齢相応の余裕を持った時間も確保したい。

新入所員紹介

Welcome to TMI

2018年1月から4月に入所された皆さんをご紹介します。

パートナー　内田晴康（うちだはるみち）先生

今年4月2日にパートナーとして参加しました。45年在籍した森・濱田松本法律事務所を昨年末に退職し3カ月間の移行期間を経ての入所です。新しい人生のスタートで新人弁護士時代の意気込みがよみがえると同時に、新しいチャレンジに若干の不安感もありました。幸いTMIの弁護士、弁理士、スタッフの方々の温かい励まし、支援もあり、現在は精気みなぎる状態です。

「出身地」は幼稚園から高校2年生まで過ごした仙台市です。小学校は東北大学と裁判所に囲まれており、眼下に広瀬川、青葉山を望む素晴らしい環境でした。通学は東北大学金属材料研究所の構内を歩き研究者の夢を追い、昼は塀を乗り越えて裁判所の敷地で遊び、授業終了後は同級の友人が裁判官や検察庁のトップの息子だったので広大な官舎で遊び、近くの川、山の散策を楽しんで日暮れて家に帰るという毎日でした。帰りが遅い言い訳をその都度捻出し、母の怒りを逃れていました(この知恵は弁護士業に役立ったものの、対「家内」では通用していません)。中学校は文部省のモデルスクールでぜいたくな施設の整った学校でした。天文台、音楽室、理科実験室等があり相撲の土俵もありました。高校は旧制中学を継承した学校で、旧制高校の「バンカラ」な文化の影響が強く残っていました。高下駄で通学する学生が多数派でした。ライバル校との野球対抗戦のための応援練習が学校の公式行事。祝勝会ではビールを教師と一緒に飲んでいたとの記憶もあります。応援団は花形なので団員が学業をおろそかにするとの危惧からか、副団長に「優等生」を送り込むという方針により副団長に指名されました。本番前に東京に転校となり「バンカラ」の権化の応援団経験は入り口で終了。応援団を最後まで務めていたら人格、風貌、品性が全く異なっていたかもしれません。大学は本郷に進級して直ちにストライキで休講、2年近く授業なし。代わりに権威の崩壊、政治の力学等について人生勉強をし、その結果、弁護士という自由な職業を選択することになりました。

IBAウィーン年次大会のレセプションにて

趣味の一つはゴルフです。遠山先生とは同じゴルフクラブに属しています。TMIに参加したのもゴルフの取り持つ縁であるとゴルフの効用(副作用?)に感謝しています。前事務所で毎年事務所の弁護士、スタッフ全員でハワイに旅行をしていた時期がありました。私は事務所のゴルフのまとめ役として、トレイニーのアメリカ人弁護士の発案である3泊5日合計8ラウンドプレーという凝縮したスケジュールを企画していました。今年2月に15年ぶりにハワイ島でのゴルフを満喫し、ぜひ皆さんと凝縮スケジュールの復活を試みたいと思いました。

スキーも思い出のあるスポーツです。大人になったらヨーロッパアルプスで滑ることが中学時代の夢でした。幸い夢は新婚旅行でシャモニー(フランス)の氷河地帯を滑る機会があり実現しました。その後は仕事が忙しく、体力の衰えもありスキーは中断。10年前にIBA(国際法曹協会)の大会終了後、列車でユングフラウ(スイス)に向かい4000mの世界最高地のゲレンデスキーにチャレンジする機会をつくりました。ただ、一気に4000mをケーブルカーで登り高山病、直ちに下山となり再開のチャンスを失しました。昨年20年ぶりに小学5年生の孫と一緒にスキーを楽しみたいとの思いで再開しました。スキー板の形状、滑り方等隔世の感がありましたが、ゴルフと違い筋肉の記憶が残存していて数回滑ると上手に滑れるようになりました。残念ながら転倒すると立ち上がる筋力がないことを痛感させられて今年はお休み、来年再チャレンジの予定です。

仕事の方は、人間ドックで「体内年齢」53歳という診断を受けたので、今後は自信をもって若い方々と一緒にTMIの発展に尽くし、所内交流の企画にも積極的に参加していこうと思っています。

出身地／宮城県　血液型／O型
好きな物／ゴルフ

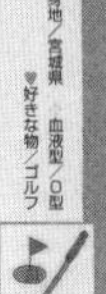

軽井沢で孫とスケートにチャレンジ(スキーも)

13 TM-EYES 2018／7

TMI 総合法律事務所社内誌「新入所員紹介」(2018 年)

第11章

「新型コロナウイルス」問題への挑戦

――新しいグローバル法務の必要性

本書の最終原稿を書き上げて原稿を手渡した直後から、日本においても新型コロナウイルス（COVID-19）の感染が広まり始め、最初の頃は中国ないし武漢の問題とみていたのが、日本、韓国、アジアの国々の問題となり、その後は欧米諸国を含む全世界に感染が拡大し、地球規模の災厄となっている。現在では、健康、生命への危機から、人間の営んでいる経済活動、社会の機能をも麻痺させる人類の生存を脅かしかねない疫病と恐れられる状況に至っている。

本書は、企業活動のグローバル化に伴い企業法務が国際標準、国際水準の法務に変革して行く潮流の中で、日本の弁護士が生き抜いてこの流れをリードする役割を果たすためのヒントを、自身の経験を語ることで提示したいとの思いで書き始めたものである。私にとっては、グローバル化、国際化は、自身の成長を促し、生きがいをもたらし、夢を育む舞台であった。その足跡をグローバル化の明るい側面、「光」を見ながら、心から楽しんで思い出をたどり、書き連ねてきた。その完成を間近にしての、この疫病の蔓延は、大きなショックである。特に、この疫病は、経済活動のグローバル化により世界の大国となった中国において発生し、グローバル化による人、モノの大量、高速での移動により世界中に伝播するというグローバル化の負の側面、「影」が現実となり表れた災厄であり、心への衝撃は大きい。

しかしながら、グローバル化の負の側面を克服しなければ真のグローバル化は実現しないという意味で、新型コロナウイルスの与えた課題は人類に与えられた試練であると覚悟し、解決策を求め挑戦して行かなければならない。この課題の解決が図れないと、世界は、排他的な国家主義、個人の自由を無視した監視社会、非民主的な全体主義の蔓延という暗い未来に向かう恐れがある。

この問題が発生してから、親しくしている海外の法律事務所からは多くのニュースレターが発信され、新型コロナウイルスにより引き起こされる課題について法的な分析と対応策が提示され、この問題に対応するチームの活動が紹介されている。また、日本の法律事務所も、所属する法律事務所を含め同様の発信をし、事務所内に対応チームを組織する等の対応をしている。主として、企業法務に絡む課題であるが、新型コロナウイルスの惹き起こす法律問題としては、次のような点が指摘されている。一部のみ紹介する。

・契約の履行が出来ないときに責任を負わないための不可抗力（force majeure）等の主張の可否
・疫病を理由としての契約の解除の可否、M&A 契約における解除、条件変更の規定の適用
・リモートワーク、テレワーク等における、労働契約法上の留意点
・自国外でのリモートワークとビザ、就業条件、課税の問題
・リモートワーク、テレワーク等での情報漏洩、サイバーセキュリティ保全の問題
・企業情報の開示についての留意点（重要事実、業績予測等）
・法律で定められている期限、期間を徒過しないための留意点、諸外国の主要政府機関、裁判所、国際仲裁常設機関等の実例紹介
・経営者の従業員に対する安全配慮義務、プライバシーの保護義務

以上は一例であるが、企業法務の分野では各国法の相違を超えた共通の問題意識、解釈の整合性の追及等により、新型コロナウイルスの影響を踏まえたグローバル化の時代に適合した国際標準、国際水準の法的対応の検討が進められている。

さらには、「緊急事態宣言」の発動要件、国別比較、強制措置の内容、国別の差異、入国制限の法的根拠等の国別の対比をした「公法」、国際公法についての紹介、解説もあり、国による規制の在り方について、問題点を含め知ることができる。この分野では、さらなる検討、議論を経て、疫病対応の適切な法体制、法整備が進むことが期待される。この点では弁護士、特に海外の弁護士のタフな精神に敬意を表したい。なお、余談であるが、中国に対して米国在住の感染被害者が集団訴訟（クラス・アクション）を準備しているとのニュースに接し、米国の訴訟弁護士の凄みを感じさせられた。

このような状況下で、グローバル化への対応は、明るい側面のみならず暗い側面も含め法の整備を国際標準の手続で国際水準の内容で行っていかなければならないことを再確認させられた。新型コロナウイルスの問題も、発見されたときに直ちに外部に開示し、健康被害が生じないための処置を迅速に講じ、地域外への拡散を防ぐ措置をとることが本来の国際標準の対応であり、感染の拡大は、そのような法意識の欠如が問題の原点にあったと考える。また、出入国の規制、クルーズ船、航空機の乗客の扱い等についての国際的なルールの確立も今後必要となろう。グローバル化で生じた問題を、反グローバリズムの自国優先主義で解決することは、時代に逆行するものであり、国際標準の行動を共に取り、国際協力で解決すべきであり、そのためのルール、システム作りに法律家が活躍して行くことを、我々の課題としたい。

本書の校了の時点では、新型コロナウイルスの終息の時期は見通されていない。しかしながら、この疫病への対応、終息後の世界の社会機能、経済活動の回復、新たな成長へのチャレンジという今後長く続く人類の戦いの中で、国際水準、国際標準の「法の支配」の原則が確立して行くことを願っている。本書は、企業法務という狭い世界の経験を語り、主として弁護士、法律家の将来の在り方を探るものであるが、企業の経済活動、社会的な存在としての在り方は、自由主義経済、民主主義の行く末を規定する根幹となるものであり、企業法務の世界における「法の支配」の確立、発展は、社会全体での「法の支配」の確立に大きく寄与するものと考える。本書が、新型コロナウイルス後の将来へのチャレンジをして行く法曹の方々に、ゼロからのチャレンジの参考となることを祈念している。

なお、日本経済新聞朝刊（2020年6月16日～19日）が、「コロナと企業――変わる土俵」というテーマで、コロナ禍の企業に与える影響、企業の対応について解説している。このような企業の問題意識を集約して、経済界と法曹界とで意見の交換をすることで、コロナ禍後の企業法務の在り方を検討する機会が持たれることを期待している。

第12章
仕事以外の楽しみについて

弁護士は、責任の重い仕事をこなし、大規模事務所であっても結果の責任は個々の弁護士の責任であること、業務の内容が紛争、不祥事対応の場合は、依頼者が大きな精神的な負担を負っているのでその意識を共有していくことから、精神的なストレスを招くことが多い。仕事を忘れて楽しむ「趣味」は、精神的な解放感をもたらし元気を回復するために、弁護士に必須のものである。

1 音　楽

振り返ってみると、真に誇れるような「趣味」はない。音楽は、小学校低学年までバイオリンを習い、もう少し続ければそれなりの楽曲を奏することができたにも関わらず、その前に中途でやめてしまった。今は、後悔している。バイオリンは、指の位置で音程が変わるので、音感がしっかりしていないと演奏は難しく、ピアノにしておけばよかったなと。芸を極めなかったことをバイオリンのせいにしている。その後、中学生時代は、スペインのギター奏者の素晴らしい演奏を聴き憧れギター教室に通ったが、初級の仕上げの「禁じられた遊び」、「アルハンブラの想い出」で終わり、その頃人気のあったフォークソング、ジャズ・ギターもコード進行が面倒で分かり難く放棄して終わってしまった。高校時代は、フルートに憧れて吹奏楽部に試験的に入部したが、フルートは人気楽器で新人には直ぐには扱わせないということでトロンボーンを吹かされ音が出ないまま数週間で退部した。

真面目にやっていれば、バイオリン、ギター、フルート、トロンボーンが趣味という自慢ができたと思うと残念ではある。歌唱も、楽器にトライした効能か音程は取れるので、それなりに自信があった。中学の合唱部は、全国中学校合唱コンクールでの優勝数回という合唱の名門であり、その合唱部の補強のために各クラスから２名程度の潜在的歌唱能力のある学生を選抜するという試みがあり、音楽の教師による歌唱テストがあった。テストの結果選抜され合唱部に試験入部して、２回ほど学内のコンサートで合唱部の一員としてコーラスに参加したが、特別の意義を見出せず退部したことで折角のチャンスを失ってしまった。いくらか意味があったとすると、後日成人してから「カラオケ」で役に立った。この経験も後悔の話である。70歳を過ぎたら、これらの一つでも復活させて再開しようと思っていたが、その後仕事が忙しくなり、ギブアップ状態である。

2　美術――絵画

もう一つは美術分野の趣味である。特に絵画については、小学生時代に図画工作の授業で描いた絵が小学生の絵画コンクールで入賞して出展されたり、中学でもコンクールの出展作品に選ばれたりして少しは才能があるのかと思っていた。音楽と異なり、絵画については描いていると集中して心に快感がわいてくることもあり、本格的な趣味とすべきだったかもしれない。大学時代には、家の近所のプロの画家の娘の家庭教師をした縁で、その画家の指導するグループで習う絵画の会に参加し、作品をプロの画家に見てもらったりした。私の描いた油絵にそのプロが一筆タッチを入れると見違えるような素晴らしい絵になるのを見て、これは本格的に集中してやってみようかと思ったが、その後他のことで忙しくなり中途で終わってしまった。また、弁護士になってから、「チャーチル会」という英国の元首相に因みのある名称を用いた素人画家の団体に参加したいと考え、幹事の方に打診したことがある。その際、月に何回かある例会に出席することが義務と言われ、その当時の忙しさ（仕事も、遊びも）から判断して無理であろうと参加を断念した。絵画、美術については、70歳を機としての再チャレンジを決意したが、家の納戸に積んであった過去に読んだ油絵の教材を読み直し、ゼロからの再開は大変とあきらめた。年齢に応じて陶芸ならばと思ったものの、この道もゼロからは大変と分かり断念した。

音楽、美術を通じて、チャレンジしたものが全てきっちりとした趣味に成熟しなかったのは、継続的に続ける熱意を持てなかったこと、初心者を励まし指導する良き指導者と、一緒に楽しめる仲間を見つける努力をしなかったことではないかと後悔している。自己合理化の言い訳ではあるが、趣味のアマチュアのレベルはプロとあまりに格差があり、素人のレベルで楽しむことは自己満足に過ぎず、その素人の中の「やや上級者」という位置付けにインセンティブが湧かなかったからということにしている。真の理由は、上手になる努力から逃げたということかもしれない。

しかしながら、鑑賞するという立場では、一貫して音楽（クラシックコンサート、オペラを中心として)、美術 (絵画、彫刻、陶磁器等) を中心としての鑑賞を楽しんでいる。「国際弁護士」は、仕事での出張、弁護士の国際団体の会議、コンファランス、セミナー等で海外の国々を訪れることが多い。その機会を利用して休日、時間の空いた時に、当地の美術館を訪れ、名画、美術品を鑑賞することは無上の喜びである。パリ、ロンドン、マドリッド、バルセロナ、ウィーン、プラハ、ローマ、ミラノ、ミュンヘン、ブラッセル、ハーグ、アムステルダム、ニューヨーク、フィラデルフィア、ロサンゼルス、サンフランシスコ、ワシントンD.C.、シカゴ、トロント、モントリオール、北京、台北、ニューデリー等の都市にある世界的に著名な美術館は全て訪れている。

また、音楽に関しては、欧米、特にヨーロッパの諸都市のコンサートホール、オペラハウスは出張の際、事前にチケットを予約して演奏会、オペラを鑑賞するようにしている。世界的に著名なコンサートホール、オペラハウスは、ほぼ全てコンサート、公演を視聴している。残された夢は、ややスノブ (“snob”) な感じで恥ずかしいが、バイロイト音楽祭でワーグナーのオペラを観劇することであり、本格的に引退をした後の楽しみにしている。

これらの鑑賞は、思い出に残り、仕事をしながらこのような文化を楽しめることは仕事の張り合いにもなる。ただ、本格的な鑑賞家に比べると初心者に過ぎない。本格的な鑑賞家として感銘を受けた法務の先輩がいる。国際的な建設エンジニアリング会社の法務のトップという激職にありながら、鑑賞者の鑑である。在職中は暇を見て、退職してからは随時良いコンサート、オペラ公演があれば海外に飛行機で飛んで行くという生活をしていた。うらやましい限りである。このことを知ったのは、偶々、ワシントンD.C.での国際会議の終了後にニューヨークに宿泊する時間が取れ、ニューヨークでの休日を楽しんだ際である。ニューヨークでは、一日目にメトロポリタンオペラハウスでオペラ、二日目にブロードウェイでミュージカルの観劇を楽しんだ。偶然にも、二日とも同先輩が同じ演目を観劇しており二日続けて「奇遇ですね」との挨拶が続き、その勢いもあって旧交を温めるために食事を共にした。その際同先輩が世界を飛び回って公演、演奏会を楽しんでおり、この日もオペラとミュージカルのためのみにニューヨークに来ていたことを知った。音楽、オペラ鑑賞も、将来はこの法務の先輩に見習いたいと思った次第である。

因みに、姉は東北大学の経済学の教師と結婚して仙台に住んでいるが、美術、音楽を素人としては高いレベルでマスターして、音楽教室の講師を務め、絵の個展を定期的に開いている。同じ血筋であり、私もそれなりの潜在的な才能はあったのではないかと思っている。

3　スポーツ

(1)　ゴルフ――初挑戦

スポーツに関しては、運動能力は中くらいのレベルであったため、趣味として誇れるレベルのものはない。スキーについては、スキー部の時代の経験を記しているが、本格的なスキーヤーとは言えない。スケート、テニス、ボーリング等人気のあったスポーツは一通り手掛けたものの、一緒にお付き合いする程度で、特に熱中したものはない。

ゴルフはやや例外で、趣味として唯一継続しているものである。ゴルフは、運動能力に関係なくハンディキャップを用いることでレベルの違う者同士でプレーを楽しめ、同伴プレー中、昼食、終了後の「19番ホール」での飲みながらの歓談も楽しめる「スポーツ」で、運動能力のみを競うスポーツではないので、性に合っていた。そもそもゴルフを始めたのは、旧森綜合法律事務所に５人目の弁護士で入所したことがきっかけである。季節の良い時期に、４名の先輩弁護士が連れ立ってゴルフに出掛ける際に「内田君はゴルフしないから、悪いけど留守番お願い」と言い渡され留守番を何回か務めたことである。ゴルフをしないと何時も留守番役になってしまうので、一念発起して始めたと記憶している。初ゴルフは、古曳弁護士、久保利弁護士に連れられて出かけた葉山国際カンツリー倶楽部においてである。東京の事務所から一緒にゴルフ場に向かう横須賀線で、古曳弁護士から、この本(『ベスト・ゴルフ』)を読めと勧められ、スイングについての「うんちく」を逗子到着までの間に一時間講じられた。トミー・アーマーというスコットランド出身の著名なインテリゴルファーの書いた著書(『ベスト・ゴルフ』(平山孝訳、実業之日本社、1958年)、“How to play your best golf all the time”の和訳)であり、ドライバーのショットの打ち方について「ボールから悪魔を叩き出せ」というような金言、名句がふんだんにちりばめられた名著であった。初めてのラウンドで緊張していたが、結構良いプレーができて、「うんちく」を垂れた先輩とそれほど変わらないスコアで回った記憶である。それ以来ゴルフの魅力の虜になった。

⑵　全日本実業団対抗ゴルフ選手権へ出場

ただ、20、30、40歳台では、仕事と仕事の合間を縫った時間、家族との時間の合間でゴルフをすることは容易ではなく、月1、2回程度のプレーのチャンスで現状維持、時に良いスコアが出るというゴルフだった。そのような状況での「日替わりプレー」のゴルフでも、若さで時には80台のスコアが出る波のある、しかし希望のあるゴルフを楽しんでいた。50歳を超えた時に事務所の運動系に自信のある弁護士が、実業団対抗戦（参加時は、「全日本実業団対抗ゴルフ選手権」、2012年より「日経カップ企業対抗ゴルフ選手権」と名称変更し筑波カントリークラブで開催されている）のくじ引きでの参加枠にチャレンジして当選した。選手は4名、補欠1名、50歳以上を最低1名含めるという条件であった。50歳以上は1名登録が必須、補欠無しとのルールであったため、絶対本選に参加できることという制約があるという状況で、事務所内予選をして50歳以上でのベストスコアを出したことから、「全日本実業団対抗ゴルフ選手権」に参加することになった。コースは、鳳琳カントリー倶楽部という「バブルの落とし子」の豪華接待コースであったが、本選の時はフルバック、グリーンは高速、ピンポジションは傾斜地にあり、パットは4

パットを回避するのがやっとという厳しい条件で、周りは殆んどがハンディキャップシングルで会社の期待の星のプレーヤーばかりという環境の下のチャレンジだった。ティーイングググラウンドでのドライバーの一打目は、早く打って恥をかかないで応援に来ているギャラリーの目から逃れることのみに集中して、何とか180ヤード付近までボールを飛ばし、これで一日が終わったという安ど感を味わった。事務所代表４名のベスト３の合計スコアで勝負したが、結果は最下位で、参加することに意義のある大会は終わった。その後、10年余を経て若手の強力メンバーの活躍で最下位を脱出する「快挙」を挙げたことを聞き、復讐を果たしたと歓喜の叫びをあげ、愉快な思い出は完結した。

⑶　ハワイの事務所旅行――ゴルフ組

ゴルフに触れると、これまた一冊の本が書けるくらい思い出はあるが、仕事との関係のあった二つの思い出にのみ触れる。一つは、事務所のハワイ旅行でのゴルフである。事務所は、弁護士、従業員全員参加のハワイ旅行を事務所の従業員の福利厚生の一環として、また事務所の一体感を醸成するための年次行事として行っていた。若い人中心の旅行のため、マリーンスポーツ、ショッピング、夜のドリンクパーティを楽しむ旅行だった。しかしながら、ややシニアのメンバーにとっては違和感があり、若手からは同様に我々が違和感を持たれる存在でもあり、ゴルフ好きのシニアのメンバー中心に昼はゴルフ、夜は若手の飲み会のスポンサーという行動をとるグルーが形成された。私は、その「ゴルフ組」の中核メンバーであった。ある年に、米国の大手法律事務所の若手でゴルフが大好きという弁護士が出向で来ており、ハワイ旅行に勧誘し参加してもらった。彼は、ゴルフが“ファミリースポーツ”であったようでゴルフ上手、ゴルフ大好き人間で、3泊5日のハワイ旅行で、到着日にワンラウンド、2日目～4日目に各々2ラウンド、最終日にワンラウンドをして飛行場に駆けつけ合計8ラウンドゴルフをするという、クレージーなゴルフのプレーの方式を企画し実践して見せた。私は、当初は「クレージー」と思ったが、その伝統を引き継ぎ8ラウンドプレーの幹事役を10年近く務め、事務所の伝統として確立した。当時、ゴルフダイジェスト誌（米国版）は、世界の名ゴルフ場のランキングを毎年発表し、掲載していた。私は、そのランキング（ハワイの各島のベストテンに入るゴルフ場のリスト）を参照してハワイの各島（オアフ、マウイ、ハワイ島等）のランキング5位までを毎年つぶしながらプレーするという手法で、毎年各島の名コースをプレーするという、楽しい「クレージー」な企画を続けてきた。その後、他事務所との合併、事務所大規模化でこのようなお祭り的なイベントは継続が難しくなり、ハワイツアーは消滅した。ただ、若かりし頃の、束の間の遊びに掛ける情熱と感動のハワイのゴルフツアーは、今でもしっかりと記憶に残っている。

(4)　オーガスタ・ナショナル・ゴルフクラブ ――“マスターズトーナメント”

ゴルフに関して、もう一つのみ思い出を語らせていただくと、ゴルフファンなら誰でも憧れるオーガスタ・ナショナル・ゴルフクラブ、マスターズトーナメント（大会）のホームグラウンドについての思い出を語りたい。オーガスタ・ナショナル・ゴルフクラブは、天才ゴルファーでアマでありながらメジャーの勝利を積み重ねたボビー・ジョーンズが設計に関与したゴルフ場である。ボビー・ジョーンズは、弁護士であり、彼がパートナーであった法律事務所が今でもアトランタにある。私は、その事務所のパートナーと知り合いになり、独禁法関係の共通のプラクティス分野であったこともあり、親しくしていた。その縁でアトランタにある事務所訪問の機会があり、訪問したところ、「ボビー・ジョーンズ　ルーム」という会議室に通された。壁にはオーガスタ・ナショナル・ゴルフクラブの設計図のオリジナルが掛けてあった。ゴルファーにとっては感動の一瞬で、国際的に活躍する弁護士になって良かったという感慨に、感激でしばし時が止まる瞬間であった。

その後再度その法律事務所を仕事で訪問した際に、オーガスタ・ナショナル・ゴルフクラブに行く機会を持てた。マスターズトーナメントの本番の始まる前に、月曜日に大会に参加するプロがコースで実地練習をする。この月曜日にプロが練習しているところを一緒にコースを巡りながら見ることのできる人気のあるイベントに参加した。このイベントのチケットは“Monday Ticket”と呼ばれ、人気が高いことで入手が難しいとされていた。アトランタの法律事務所の若手弁護士が車を運転して同伴をしてくれ多くの有名プロを直ぐ近くで見ることができ、良い思い出となった。

以上、趣味は人それぞれであるが、国際的に活躍することで、趣味の世界を広げ、趣味が世界を広げることにつながることになり、素晴らしい思い出を作り出すことが出来た。

(5) ホームコース

ゴルフは、人間関係を密にし、信頼関係を築くのに最適のスポーツでもある。私が2003年に入会した1931年開場で創立80年を超える伝統を有する相模カンツリー倶楽部は、現在私のホームコースとなっている。このゴルフクラブは、70歳になり移籍した法律事務所に参加する機縁を生み、元官僚としてトップであった方々との親しいプレー、70歳で新しい事務所でチャレンジするという人生100年時代の人生設計に関する著作の紹介をしていただいた金融界のトップの方等との付き合い等、短い付き合いながら大きな「褒美」を与えてもらえた。また、同世代の様々な経歴の友人と、ゴルフ場での「19番」、場外で、駅前の「やきとり屋」での飲み会等楽しい時間を与えてもらっている。多くの人々との接点を持つ機会を与えてもらえたこの素晴らしいクラブ、ゴルフというスポーツに感謝している。

4 家　族

家族は、子供が2男1女で、現在は孫が6人である。現在のところ法律家の跡継ぎはいない。長女、長男は、米国留学、研修中に３年近くニューヨーク、ロサンゼルスで一緒に過ごし、ニューヨークから西海岸への移動の際は大陸横断のドライブを楽しんだ。ただ、西海岸で裁判のトライアルに立会える研修の機会があるとのことで日程が切られていたので、10日前後で大陸横断をするという強行軍で、大陸横断は車の中で過ごした時間が最も長かったと覚えている。

弁護士の仕事は不規則で、夜は毎晩深夜帰宅、休日も仕事、遊び（仕事の関係）で外出することが多く、海外出張等で長期に留守にすることもあり、夫、父親としては落第であったかもしれないと反省している。そのなかで、妻には、家族のケア、私の両親のケア等で、大変に世話になり感謝している。ただ、米国での生活は、家族が一緒に暮らす時間が多く、冬はスキー、自宅の近くの川が凍結しているときは川の上流に向かってのスケートによるクロス・カントリー、秋は紅葉の山々へのドライブ等々、十分にアメリカでの生活を家族と一緒に楽しむことができて、良い思い出を家族で共有できた。

次男は、日本に戻ってから誕生し、海外経験はIPBAの大会でシンガポールに一緒に行ったのが初の海外旅行、その後オーストラリアでコアラを抱いて笑っている少年時代の写真が残っている。

子供が成長して後は、海外の法曹団体の大会、コンファランスに妻と共に参加して、会議の前後に思い出に残る小旅行をしたり、コンサート、美術館巡りをしたりで、それまでの放置状態の償いはある程度できたと思っている。特に、海外の弁護士は、夫

鎌倉の華正楼で古稀を祝う（筆者－前列中央）（2017年）

婦同伴でコンファランス等に参加する弁護士が多かったので、家族ともども親しい友人となり、国際的な法律家同士の家族ぐるみの緊密な関係が築けた。「国際弁護士・日本の弁護士として」夢を求めて来ることが出来たのは家族の支援によるものと感謝しつつ、本書の最後を家族への思いでしめくくる。

資　料　編

国際仲裁セミナー開催時資料（2020 年 1 月）

第1部　仲裁を利用することの意義

1　仲裁の概要

«仲裁とは»
当事者自治による紛争の解決の制度

契約で仲裁地、仲裁機関、適用されるルール等を合意することにより、契約当事者の国籍、所在地に関わりなく、任意の国（地域）で、選択した仲裁機関に於いて、合意されたルールに従い、選択した仲裁人の仲裁判断により、契約上の法的な紛争を解決することができる。

2

ASSOCIATES

1　仲裁の概要

«仲裁への関心の高まり»

- グローバルな私的紛争の解決手段としての需要
  cf. 日本国際紛争解決センター／アンケート
- アジアに於ける私的紛争解決手段としての需要
  cf. 同上
- 日本での仲裁振興、活性化の動き
  - ・政府の振興策
  - ・法曹界の関心
  - ・国際仲裁の施設の開設
    - －日本国際紛争解決センター(大阪)(2018年5月開設)
    - －日本国際紛争解決センター(東京)(2020年3月開設予定)
  - ・仲裁関連法規の改正
    - －外弁法(改正予定)
    - －仲裁法(検討中)

3

1　仲裁の概要

«仲裁を理解するキーワード»

※詳細は次のセッションで説明

(1) 仲裁地（国、地域）
　－仲裁条項で合意した仲裁が行われる国、地域。

(2) 仲裁機関
　－仲裁を実施するための規則、施設、事務局を有し仲裁人の選任、選任の支援等を行い、仲裁を遂行する組織。
　－主要な常設仲裁機関（日本企業が主として利用する仲裁機関）は別紙「仲裁機関」参照。

4

1　仲裁の概要

(3) 仲裁人

－仲裁の手続きを指揮し、仲裁判断を下す。

人数：仲裁機関の規則に従い、1名または3名を選任。
仲裁廷を構成する。

選任方法：当事者の合意、当事者の選任した仲裁人の
合意、合意がない場合は仲裁機関が選任。

公平性：国籍のバランスへの配慮。

独立性：独立性の確保のための基準。

リスト：仲裁人候補者リストがある例が多いが、原則
的には任意の仲裁人を選任できる。

※具体的には選択する仲裁機関の規則をチェックすべき

5

1　仲裁の概要

(4) 仲裁の手続

－仲裁の手続は仲裁地国の「仲裁法」の定めによる。

－一般的に、「仲裁法」は当事者自治を広く認めており、原則的
に当事者の合意（仲裁機関の規則を含む）、合意ない場合は
仲裁廷の決定により、手続を定める。

(参考)
日本の仲裁法(§26-1)(UNCITRALモデル法準拠)は、公序に関
する規定に反しない限り、当事者の合意によることを認めてい
る。国により、「仲裁法」の根拠法、名称は異なる。

－仲裁機関の手続規則は詳細な規定を設けておらず、当事者、仲
裁廷の決定に委ねている。

(実際の運用)
実際には、「国際標準化」した手続(次のセッションで説明)で行わ
れる例が多いが、仲裁代理人、仲裁人の属する国籍、法域により大
陸法型、または日本の民事裁判に類似した手続で行われることもあ
る。

ASSOCIATES

6

1　仲裁の概要

(5) 仲裁費用
- 仲裁費用は仲裁機関の運営費(管理料金等)、仲裁人の報酬及び 関連費用からなり、当事者が負担する。
- 仲裁機関の規定で定めている。
- 他方当事者が費用を支払わない場合の措置、仲裁費用の敗訴者負担があることに要注意。
  ※詳細は次のセッションで説明

(6) 言語
- 仲裁地国、当事者の母国語の如何を問わず、合意した言語（合意がない場合は仲裁廷の決定）で行われる。

7　TMI ASSOCIATES

1　仲裁の概要

(7) 仲裁判断の法的効力
- 仲裁地国での効力は、仲裁地国の「仲裁法」等で定める。
- 仲裁地国外での法的効力は当該国の「仲裁法」等で定める。
- (条約による効力)外国仲裁判断の承認・執行について、ニューヨーク条約(加盟国161か国)があり、加盟国において仲裁判断の法的効力が認められ、強制執行が可能（承認、執行の拒絶事由については次のセッションで説明）。

(8) 仲裁判断の取消
- 仲裁地国の法律(「仲裁法」等) で、一定事由(詳細は次のセッションで説明)のある場合に、当該国での仲裁判断が裁判所により取消されることがある。
- 日本では、仲裁法により取消事由が極めて限定されている。仲裁地国によっては取消事由が恣意的に拡大適用される恐れがある。

8　TMI ASSOCIATES

2 仲裁地等を選択する場合のチェックリスト

- 仲裁地の選択
  - NY条約加盟国か否か。
  - 適格な仲裁人、仲裁代理人を選任できるか。
  - 常設の定評ある仲裁機関を利用できるか。
  - 裁判所が不当な干渉をしないかについての、当該国の「仲裁法」等の関連法律、運用の実態のチェック。
- 仲裁機関の選択
  - 仲裁人の国籍制限の有無
  - 適格な仲裁人候補の選任の容易性
  - 仲裁費用・仲裁人報酬
  - 仲裁手続についての定めが合理的か
  - 審問施設があるか
  - 事務局機能（仲裁地が仲裁機関の所在地と異なる場合を含めて）が十分か
  - 実績・評価

9

3 裁判との対比での仲裁の利点

- 仲裁：仲裁人は原則として国籍、居住地に拘わらず選任が可能。

  ↕

  裁判：裁判官は、裁判地国の国籍であり、国益保護、自国企業保護等の志向への懸念がある。
- 仲裁：仲裁人は、能力、専門性、経験、倫理性等をレビューした上で選任できる。

  ↕

  裁判：裁判官は、国によって能力、質、経験等が劣る場合があり、コラプションの問題への懸念あり。また、発展途上国では司法の独立が保障されていないことがある。

10

3　裁判との対比での仲裁の利点

➢ 仲裁：仲裁はコストが高く、時間が長くかかるとの批判。

↕

裁判：裁判では上級審があるのに対し、仲裁では仲裁判断は原則的に終局判断として確定することで裁判よりコスト減、審理期間が短縮される。
証拠調手続において、仲裁の場合は、陪審裁判はないこと、ディスカバリーの制限、柔軟な証拠調手続の採用等により、コスト、期間を減縮できる。

11

4　日本での仲裁の利点

(1)　日本企業にとっての利点
- コスト
- 言語
- 仲裁人の選任
- 代理人の選任

(2)　契約の相手方へ日本での仲裁を受け入れさせる説得のポイント
- 仲裁人は、日本国籍、日本居住者以外の仲裁人を選任できる。
- 仲裁代理人に「外国弁護士」を選任できる。
- 仲裁手続は合意で決められる。
- 仲裁機関、仲裁規則は選択できる(例：国際標準のICC規則、AAA規則等の採用が可能)
- 日本の裁判所が仲裁に不当に干渉しない。(裁判所が手続きに干渉したり、仲裁判断を取り消す恐れは低い。司法の独立が保障されている。)
- JCAA仲裁の場合でも、国際標準に則した手続が取られている。

12

経　歴

1947年4月7日	岡山県にて出生
1963年4月	宮城県立仙台第一高等学校入学（高校2年修了後転校）
1966年3月	東京都立大学附属高等学校卒業
1970年3月	東京大学法学部第二類（公法コース）卒業
1971年3月	東京大学法学部第一類（私法コース）修了
1971年4月	最高裁判所司法研修所入所
1973年4月	第二東京弁護士会登録
	森綜合法律事務所（現 森・濱田松本法律事務所）勤務
1979年1月	ニューヨーク大学ロースクール修士課程卒業（LL.M法学修士）
1979年2月	ニューヨークの法律事務所（Donovan Leisure Newton & Irvine）及びロサンゼルス支店勤務
1979年6月	ニューヨーク州司法試験合格
1980年6月	ニューヨーク州弁護士登録
1980年7月	森綜合法律事務所（現 森・濱田松本法律事務所）に復帰、パートナー就任（1981年）
2015年12月	同法律事務所パートナー退任、カウンセル就任
2017年12月	同法律事務所退所

経　歴

2018年1月　内田法律事務所設立
2018年4月　TMI総合法律事務所にパートナーとして参画

2000年　一橋大学大学院国際企業戦略研究科講師（～2004年）
2004年　慶應義塾大学法科大学院教授（～2007年）
2007年　同大学法科大学院講師（～2018年）

〈弁護士会〉
- 第二東京弁護士会国際委員会委員長（1997～1998、2000～2001）
- 日本弁護士連合会国際交流委員会委員長（2004～2008）
- 日本弁護士連合会国際活動に関する協議会議長（2011～2015）
- 日弁連国際戦略会議委員（2015～現在）

〈国際法曹団体関係〉
- 環太平洋法曹協会（IPBA）事務総長（1999～2001）
- 環太平洋法曹協会（IPBA）競争法委員会委員長（2011～2013）
- ローエイシア日本代表理事（2002～2007）、ローエイシア友好協会常任理事（2005～現在）
- 国際法曹協会（IBA）日本代表理事（2010～2015）
- 国際法曹協会（IBA）アジア太平洋地域協議会議長（2014～2016）
- 国際法曹協会（IBA）役員推薦委員（2017～2018）

〈その他の関係団体〉

○独禁法

・公正取引協会理事（2006 ～現在）
・公正取引委員会独占禁止懇話会会員（2007 ～ 2016）
・米国法曹協会（ABA）独禁法部会インターナショナル・タスクフォースメンバー（2008 ～ 2012）
・競争法フォーラム会長（2010 ～ 2015）

○仲裁

・国際商業会議所（ICC）日本委員会仲裁委員会委員（2007 ～現在）
・日本商事仲裁協会（JCAA）仲裁人
・米国仲裁協会（AAA）国際仲裁センター（ICDR）仲裁人

○海外大学関係

・ニューヨーク大学ロースクール同窓会（日本）会長（2001 ～現在）
・ニューヨーク大学 Alumni Club（Japan）シニア・アドバイザー（2018 ～ 2020）

○企業関係

・一般社団法人日本経済団体連合会監事（2012 ～現在）
・社外役員（監査役、監査等委員、取締役）
　株式会社ダイフク（2004 ～ 2016）
　株式会社日立ハイテクノロジーズ（2005 ～ 2011）
　大日本住友製薬株式会社（2010 ～ 2018）
　サントリー食品インターナショナル株式会社（2013 ～現在）

あとがき

本書を書き上げて、なお語りきれない思い出、将来への思いが次々と湧いて来る。これだけの経験、人との交流、友人との出会い、案件との遭遇、未知の世界へのチャレンジ、未知の場所の歴訪をしたのかと思うと、幸せな人生、弁護士人生を送ってきたのだと深い感慨に浸っている。

このような幸せは、弁護士として一人前になり、成長することを支えてくれた森・濱田松本法律事務所の先輩弁護士、TMI 総合法律事務所の先輩弁護士、また、一緒に苦労をし、汗をかいてきた同僚、後輩の弁護士、サポートしてくれた事務所の秘書、スタッフの方々のおかげと心から感謝している。

弁護士になる前に、人間としての基礎作りをしてくれた先生方、法律を教えてくれた大学の先生方、実務を仕込んでくれた研修所の先生方にも感謝したい。また、学校、研修所等で、共に学んだ友人、先輩として指導してくれた方々にもお礼を申し上げたい。

さらに、弁護士としての様々な活動において、熱心にかつ親身になって指導してくれた先輩の弁護士、一緒に活動に取り組んだ国内外の弁護士にも心から感謝したい。

弁護士はどんなに努力をしても、良いクライアント、良い案件に出会わなければ達成感を持つことはできない。この幸運をもたらしてくれたクライアントに対しては、最も強く感謝とお礼の気持ちを伝えたい。

また、本書を執筆するきっかけとなった慶應義塾大学法科大学院、私の法律知識、教養を育んでくれた東京大学法学部、米国法を教育してくれたニューヨーク大学ロースクールにも感謝の気持ちを伝えたい。

本書では、弁護士としての守秘義務を守ること、クライアントとの信頼関係の維持のために、公知となっている情報、公開情報をベースとして案件、エピソード等を紹介している。また、情報の性格、状況、時間の経過により秘密性の配慮が必要のない情報を選んで紹介している。さらに、誤解を招かないよう、出来る限り具体化を避け抽象化して記述し、企業名、個人名は必要のない限り言及しないように心掛けた。そのため、本来企業名、団体名、個人名を明示して感謝の念を伝えるべき企業、団体、個人の方々には却って失礼となっているかもしれず、ご容赦いただきたい。なお、弁護士、教師、先輩の方々に関しても同様の配慮と、本書で触れていない他の方々にも同じく感謝の念を持っておりながら名前を挙げないことになる失礼を考え、原則的に個人名を表記していないことにご理解を賜りたい。

身内のことになり恐縮ながら、弁護士活動を家庭で支えてくれた妻、家族には、「ありがとう」と言いたい。

そして、何よりも心を込めて「ありがとう」と言いたいのは、昨年11月1日に永眠した母である。父は、長生きの家系に生まれながら1987年に73歳で亡くなった。早すぎた死で、父への感謝、やさしさに対して「お返し」をする歳になる前に目の前から去ってしまった無念さがある。真面目で人格者で、仕事熱心で、家庭のことは母に任せていた。長男ではあるが末っ子の男の子としては、母には無条件に甘えることが当然で、可愛がってくれるのも当然という環境で、たっぷりと母の愛情を受けて育った。母は、我儘なところ、強引なところ、自己中心的なところもあり、人によっては印象はやや異なることがあるかもしれない。ただ、私にとっては、いつも優しかった。今でも、苦しい時、眠れない夜等に、ふと仙台の小児科の診察室で母にじっと抱きついていた瞬間を思い出すことがある。小学校低学年のときに健康で元気な子供であったが、突然微熱が続き、倦怠感があるという症状が続いたことがあった。当時、仙台で最も権威のあった東北大学の大学病院で検診してもらっても原因が分からず、不安を持ちながら休養し様子を見ている状態であった。あるとき突然、年を取った医者が家に来て診断をしてくれた。足を延ばして、曲げてと言って、触診をして、「直ぐに病院に来なさい、直ぐ処置をしないと駄目だ」と告げて家を去った。直ぐに、仙台の繁華街にあるその医者の個人病院に向かい、医者から「母親にしがみついて、動いたらダメだ、頑張れるね」と言われ、「動いたら助からない」という一念のみで、長い時間じっと母にしがみついて耐えた。後でおぼろげながら理解したのは、脊髄に注射をし抗生物質を注入したらしいということであった。手遅れになると障害の残る恐れのある病気であると告げられたことを記憶している。その恩人の医者は、母に「本当は隔離しないといけないが軽症で子供だし親と離れているのは可哀そうだから、うちの病院に居なさい」とにっこり微笑んでくれた。直ぐに元気になったので、病院では、はしゃぎまわり、看護婦さん、入院患者の皆に可愛がってもらい楽しかったという思い出である。母は社交的で、会った人と直ぐに親しくなり、願いごとをかなえる才能があったようである。この恩人である医師も、知り合いから紹介されたらしい。その後も、本書で触れている、近所の英語の名物教師、化学の先生その他、人生における節目、節目で素晴らしい恩人を見つけてくれている。また、進路の選択で迷っているときは、悩んでいることを察するかのように、深夜に帰宅しても起きていて、お酒を飲みながら話し相手をして、「自分で正しいと思うことならやればいいよ」と、決断の背中を押してくれた。幸せな人生は、母に負うことが大である。最後の10年近くは、認知能力が落ちて会話は十分にできない状態であったが、見舞いに行き手を握るとぎゅっと握り返し、にっこり笑ってくれたのが、今も目に浮かぶ。思い出は限りないものの、幾ばくかの思い出を語り、母の冥福を心から祈り、母の供養としたい。

なお、本書の最終原稿を書き上げた直後に「新型コロナウイルス」の感染拡大が発生し、今や人類の生存、政治、経済活動、文化を守るための未曾有のチャレンジの時となっている。本書がそのための「元気」と「勇気」を与える一助となることを祈っている。

最後に、本書を執筆するよう笑顔で勧めてくれた「笑顔」の達人、商事法務研究会元専務理事の松澤三男氏、編集を担当いただいた櫨元ちづるさんには心から御礼を申し上げる。

2020年7月

内田　晴康

国際弁護士・日本の弁護士として
――グローバル法務の発展・再構築を目指して

2020年9月10日　初版第1刷発行

著　者　内田晴康

発行者　石川雅規

発行所　株式会社 商事法務
〒103-0025 東京都中央区日本橋茅場町3-9-10
TEL 03-5614-5643・FAX 03-3664-8844〔営業〕
TEL 03-5614-5649〔編集〕
https://www.shojihomu.co.jp/

落丁・乱丁本はお取り替えいたします。　印刷／㈲シンカイシャ

ISBN978-4-7857-2802-1
＊定価はカバーに表示してあります。